Pérolas do Eterno

Lilian Costa Pinto

Pérolas do Eterno

A ARTE INTERIOR DA MEDITAÇÃO EMERGENTE

Um guia para a integração multidimensional
através da reorganização energética

Prefácio de
PIERRE WEIL

EDITORA PENSAMENTO
São Paulo

Edição	Ano
1-2-3-4-5-6-7-8-9	98-99-00

EDITORA PENSAMENTO LTDA.
Rua Dr. Mário Vicente, 374 — 04270-000 — São Paulo, SP
Fone: 272-1399 — Fax: 272-4770
E-MAIL: pensamento@snet.com.br
http://www.pensamento-cultrix.com.br

Impresso em nossas oficinas gráficas.

Ao Mestre

que cultivou o terreno
da minha mente e
abriu o meu coração.

AGRADECIMENTOS

Ao Ronaldo, mais do que meu amor na jornada desta existência,

À Renata, filha-flor de alma cristalina,

Às crianças, sobrinhos, que vieram deste mesmo lugar de luz,

Aos meus irmãos Victor e Celso, luzes, amores e presenças,

Às suas companheiras,

À minha Bia, irmã-irmã,

Ao Alexis querido,

À Vó Nide, arquétipo da mãe amorosa encarnado em menina,

À minha Mãe, Lenise, Vó Lê, querida amiga, companheira da mesma busca,

Ao meu sempre incentivador pai,

À família Fraga Costa Pinto,

Ao amado Paramahansa Yogananda, Encarnação do Amor Divino,

Aos amigos evolutivos,

Aos amigos e monges da SRF,

Aos amigos da PUC do CRE,

Ao professor-orientador J. J. Queiroz,

À força espiritual de Aídda Pustilnik e Theda Basso,

Aos amigos da Dinâmica Energética do Psiquismo,

À UNIPAZ, em especial à inspiradora convivência espiritual com Pierre Weil, Roberto Crema e Jean-Yves Leloup,

A todos os encontros.

Este livro é fruto de muito trabalho: *inspiração* por um lado e *transpiração* por outro.

Inspiração como aquela que vem do sopro sobre a mente, do poder gerador da idéia.

Inspiração como o fôlego e a coragem para expirar e deixar passar a concretude do projeto.

Transpiração como decorrência da inspiração, conseqüência natural de verter para fora, de transbordar aquilo que anseia por exteriorização.

Transpiração como a que vem do empenho, da dedicação diária e constante à pesquisa e ao estudo, como a interminável lapidação do artífice.

Agradeço profundamente à Vida, que permitiu que eu experimentasse o fluxo completo do "Ar" na *Integração Multidimensional* e a sublime vivência transcendente durante a oportunidade preciosa que foi, para mim, escrever este livro.

Espero que o leitor se beneficie com estas sugestões e se dedique seriamente à sua própria reeducação através da Reorganização Energética a fim de resgatar a Integralidade de seu próprio Ser.

Este livro é seu.

Com todo o amor,

Lilian

Sumário

Índice dos Exercícios de Reorganização Energética

Prefácio

Quero dizer de antemão que este segundo livro de Lilian Costa Pinto ultrapassa todas as minhas expectativas em relação ao que se pode esperar de um livro sobre meditação.

Embora o assunto seja inesgotável, eis aqui uma obra muito profunda e bastante lúcida, fornecendo para o leitor um leque de oportunidades de aprender sobre si mesmo e de descobrir a sua verdadeira natureza, que se confunde com a do Espírito ou da Consciência Cósmica.

Eu diria que este livro se inscreve entre as melhores obras existentes na atualidade.

Psicoterapeutas e educadores vão encontrar aqui algo que pode ajudá-los primeiro a se encontrar, além do que as terapias convencionais já lhes deram, e também fornecer-lhes idéias infinitas para seus pacientes. Gostei muito da analogia entre o que Freud falou dos sonhos como via real para o inconsciente e do que Lilian afirma quanto à meditação como via real para a Consciência Cósmica. Eu diria mais: a meditação é uma via real para os dois níveis.

Conheço Lilian há praticamente dez anos e a considero como um ser extremamente sensível que nasceu num berço impregnado da inspiração do seu mestre Yogananda; aliás, recomendo a leitura da *Autobiografia de um Iogue* a todos os que querem cuidar de si mesmos e dos outros.

Que este livro se encaminhe para as mãos do maior número de pessoas que cuidam da sua própria evolução e da dos outros.

Eis o meu voto mais sincero.

Brasília, 4 de Agosto de 1997
Pierre Weil
Reitor da UNIPAZ

A ARTE DA MEDITAÇÃO

Mede
tua ação

Sem medida
Sem ação

Comedida

Cala
Com ar
Exercício
Ofício

Ar! Te respirar...

Exercitar-te
Expirar-te
Expiar

Medicação
Aérea rendição
À íntegra ação

Redenção
Meditação

Meditar-Te

MeditArte

Introdução

Transcorreram alguns anos desde a publicação do meu primeiro livro, *Culinária Natural — Requinte e Sabor numa Alimentação Saudável*, em 1989.

Àquela época eu convidava os leitores ao bem-estar e à qualidade de vida, oferecendo-lhes receitas saudáveis e alguns conselhos simples para viver melhor o dia-a-dia em todos os níveis do ser (físico, emocional e mental).

"Cuidar do Ser", lema-título de um livro de Jean-Yves Leloup, crístico reflexo do Ser, "desatar nós" (significado da palavra "terapeuta" em grego), reeducar, facilitar a integração de corpo, emoções, mente e Essência, constituem um fascínio em minha existência.

Por isso surge este novo livro com o mesmo propósito que o anterior, enfatizando desta vez outro campo da nutrição: a psique, o Self, a Essência.

Meu intuito neste trabalho é incentivar as pessoas a buscar o melhor de si mesmas — "*Pérolas do Eterno*" — dentro de si mesmas, para que possam reconhecer em sua própria humanidade, nos outros e na natureza, a Vida e a Plenitude que brotam das profundezas do oceano de seu Ser.

Este livro conclama à ação. Não é um livro para ser lido descompromissadamente, apenas para se deleitar com palavras bonitas... (Não serão palavras inspiradoras que o despertarão para o Sopro que habita em seu Ser...)

Há um *trabalho interior* a fazer!

Por isso o conteúdo deste livro tem um tom de *convocação*! Trata-se de um *manual*, um *guia*, um livro para ser *usado*.

Este livro proporciona a você uma série de exercícios que contribuem para o despertar da consciência. Estas vivências fazem parte do processo de *Integração Multidimensional*, através da *Reorganização Energética*, uma metodologia de reeducação transpessoal para a integralidade, que venho desenvolvendo. Esta metodologia reúne um conjunto de técnicas energéticas psicocorporais de transformação que visam facilitar a ampliação da consciência do indivíduo em direção ao Ser Integral, que todos somos em potencial, recuperando e restaurando suas várias dimensões (física, emocional, mental, Essência).*

Atendendo a uma sincrônica recomendação do poeta essencial Roberto Crema em seu livro *Saúde e Plenitude — Um Caminho para o Ser*, a linguagem deste livro procura reunir a "fórmula" e o "poema" — técnica e arte —, ecos de um exercício de transdisciplinaridade no campo do crescimento e do desenvolvimento da consciência.

Assim, as instruções das vivências propostas são ao mesmo tempo *poéticas* porque a vida de fato é deslumbramento, e *pragmáticas* porque a vida urge por clareza e objetividade.

Procurando seguir o modo de conhecer prescrito nas disciplinas da consciência tradicionais, os exercícios propostos neste livro baseiam-se no método injuntivo, que consiste em seguir instruções precisas e *provar* dentro de si mesmo a expansão gradual da própria identidade, conquistando aos poucos uma compreensão mais larga e profunda da existência.

---

* Num livro complementar a este, a ser publicado, o leitor poderá encontrar os fundamentos da *Integração Multidimensional* através da *Reorganização Energética*.

Este livro de exercícios pode ser de grande ajuda para educadores e para terapeutas, mas não se restringe ao âmbito da atuação profissional. Ele está destinado a todas as pessoas que buscam maior contato com sua própria Essência e o resgate de seu Ser Integral.

Os exercícios, em especial as Meditações Temáticas, inúmeros pretextos para entrar em contato com o Sagrado dentro de si, não estão vinculados a doutrinas religiosas. Eles representam simplesmente a tentativa de oferecer elementos inspiradores para a prática da meditação, que acredito fornecer a base à *ecologia do ser*, num contexto de reeducação para a integralidade e para a transcendência, despertando a religiosidade natural inerente ao ser humano.

As práticas contidas neste livro favorecem a recuperação da percepção perdida do "Paraíso" dentro de si mesmo, reflexo da completude e da integridade do Ser Essencial.

Como explica Pierre Weil (Weil, 1987), sábio incentivador e mentor do caminho da Psicologia Transpessoal e da Holística no Brasil, apoiado pela Psicologia Perene contida nas tradições espirituais e por recentes estudos científicos na área, esta visão de Totalidade, isto é, das redes de interconexões da realidade, que não impõem fronteiras inter e entre os seres, entre sujeito e objeto, perdeu-se na consciência iludida pela "fantasia da separatividade", que faz crer, numa percepção distorcida da realidade, que existimos em separado.

Se isto é verdade do ponto de vista do ego, o mesmo não pode ser dito considerando-se a realidade a partir do nível do Self, da alma, de uma consciência Total, que se estrutura em diferentes esferas ou níveis, de acordo com os mapas ou cartografias da consciência (leia-se "do inconsciente", justamente por não sermos cientes destes estratos) delineados pelos teóricos da Psicologia Transpessoal na atualidade, e pelas tradições espirituais em diferentes civilizações.

Minha intenção com este livro é fornecer algumas ferramentas que facilitem o caminho de volta (ou de ida), incentivando o ser a *evolver*, a recuperar a consciência de *Ser* (com letra maiúscula), reeducando-se no sentido da Integralidade que se manifesta no aspecto transpessoal da consciência.

Assim como é necessária a consciência do corpo, das emoções e dos pensamentos ao autoconhecimento e ao crescimento pessoal, também a consciência dos níveis transpessoais é necessária ao crescimento transpessoal ou espiritual do ser humano.

É fundamental que se busque uma (re)*Integração Multidimensional*, isto é, a "reunião" de todos os níveis do Ser a fim de possibilitar o conhecimento e a realização da Essência, ou Self, onde reside o Ser em sua Inteireza e onde se situa a Abertura para o Infinito.

É este o caminho que se faz pela meditação em suas diferentes formas — arte que, a meu ver descortina a "Via Régia" da Consciência Cósmica.

Minha intenção, também, através deste livro é conclamar à construção de um conhecimento que considero essencial para o ser humano, conhecimento que concebo como "HOLONÍSTICA": a arte-ciência da percepção da Totalidade ("holos" — o todo) no/pelo indivíduo ("on" — ser individual).

É a aquisição deste conhecimento ou autoconhecimento que possibilitará a cada um a interferência direta transformadora e ecológica nos planos social e planetário, viabilizando concomitantemente o ideal da PAZ em todos os níveis.

MEDITAÇÃO EMERGENTE

A vida é meditação.
É linguagem.
É metáfora.
Há tema por toda a parte para a poesia e para a meditação.
Basta sintonizar a Essência interna, em si e no tema, fundir sujeito e objeto: meditar.
Olhar o mundo e encontrá-lo dentro de si.
Reverenciar cada oportunidade de meditação.
Cada inspiração.
Cada respiração.
Cor, textura, objetos, relações — tudo é motivo de interiorização.
Tornar interno o externo, e externo o interno.
Transcender fronteiras, anular espaços, tempos.
Curar-se pela energia do simbólico.
Abrir-se, antes de tudo, para o divino dentro de si.
Atravessar pontes e limites.
Superar.
Transcender com o transcendente no dia-a-dia.
Cotidianamente expandir a consciência e incluir.
Contemplar.
Amar.
Preencher-se de Totalidade.
Assumir a visão cósmica das coisas.
Saber, dentro, o caminho para Deus.
O Imanente.

O Transcendente.
Forjar a realidade desvelando o Real.
Realizar o Todo.
E a Parte.
Cultivar o enfoque transpessoal liberador.
Saber internamente que "Eu sou Deus".
E que tudo é.
Agradecer e entregar-se à corrente da vida.
Sonhar o sonho de Deus.
Representar.
Brincar.
Perscrutar a Presença em tudo.
Saborear a vida e a experiência.
Beber o néctar da alegria vital presente em cada coisa da criação.
Vibrar a harmonia, estendendo-a sobre os acordes desarmônicos.
Propagar o Som, o Sopro.
Renascer a cada instante.
Dissolver-se nele continuamente.

A EMERGÊNCIA DA MEDITAÇÃO EMERGENTE

Motivos para Meditar — Uma Boa Dose de Incentivo

Há muitos motivos para se praticar a meditação.

Esses motivos, que parecem coincidir com os próprios objetivos da meditação, dizem respeito à satisfação de necessidades humanas básicas, como saúde e bem-estar psicológico, e à satisfação daquelas, chamadas "metanecessidades" por Abraham Maslow, que se ligam aos valores mais eternos e sublimes buscados pelo ser humano em sua caminhada em direção ao autoconhecimento, à auto-realização e à autotranscendência.

Os "motivos-objetivos" da meditação serão aqui apresentados indo do mais longínquo ao mais próximo e imediato.

Embora comecemos pelo que nos parece "mais longínquo" à primeira vista, pode ser justamente este o que esteja mais próximo para algumas pessoas como motivação para meditar (mais próximo do que as próprias mãos...). E que este sirva de abertura (que bênção!) para deixar ter lugar o processo como um todo: percorrer todo o caminho preenchendo as necessidades que podem ser supridas com a prática da meditação.

Faz-se necessário considerar ainda que apesar de adotarmos como método de exposição de motivos-objetivos (ou vice-versa) a ordem do mais abrangente para o menos abrangente, do TODO para a PARTE, não é isto o que se dá exatamente. Na realidade, a meditação pode ser considerada, como se diz em ciência experimental, uma "variável independente", isto é, um termo que numa relação provoca mudanças sucessivas tomando-se por base uma situação inicial, que funciona como uma "variável dependente", sujeita à ação da primeira. Ocorre que esta "variável dependente" possui características bastante peculiares por ser um *campo holográfico*: trata-se do ser humano (corpo-mente-Essência), sua vida e seu ambiente. Isto significa que os efeitos da meditação (variável independente) são sentidos no campo como um *todo* (variável dependente), pois suas partes encontram-se energeticamente ligadas entre si. Ou seja, como todas as partes estão relacionadas, ao se tocar numa delas interfere-se em todo o padrão, que se *reorganiza*. O mesmo acontece com nossos motivos-objetivos para meditar: afetam-se mutuamente, inter e "entre"-penetrando-se.

Mas... vamos enumerar aqui alguns motivos-objetivos:

1. Para nós, contidos nestes pequenos "frascos", que são o nosso corpo-mente em existência, trata-se principalmente de poder receber e perceber a fragrância da vida, sua Essência — Essência que liga o ser individual ao Ser Supremo dentro de nós. Este pode ser o objetivo maior da meditação: "*re-ligar*" *nosso pequeno ser ao Grande Ser*, que habita em nós como Self, e fora de nós como Criação e mais além.
2. **Entrar em contato com um Centro de Paz dentro de nós**, um local imperturbável, fonte de luz, amor, alegria, serenidade e equilíbrio. Com a meditação abre-se essa possibilidade de encontro com algo que se situa acima do nível dos conflitos — o Self ou Eu Superior.
3. **Facilitar a solução de impasses gerados pela estreiteza de nossa visão situada no nível do ego, do pessoal**. A prática da meditação, com sua bênção apaziguadora que flui silenciosamente desde aquele Centro de Paz, cria a oportunidade para a transmutação de energias antagônicas presentes na personalidade.

4. **Encontrar a aceitação para poder desenvolver a compaixão e o amor para consigo mesmo** é um bom motivo para meditar. Assim, podemos conquistar a humildade dos vales tranqüilos por onde o riacho da vida possa correr pacificamente, contornando com resignação os limites e as pedras do caminho, com a maleabilidade de seu estado líquido.
5. **Aceitar os outros e isentar-se de julgamento**, acolhendo plenamente os erros e acertos dos outros e os nossos próprios, é também decorrência da prática da meditação.
6. **Compreender e aceitar o momento como oportunidade eterna e única de crescimento pessoal** em direção ao amor incondicional e à sabedoria, também é mais que um bom incentivo para meditar.

7, 8, 9...

Além de tudo isso, há muitos outros motivos para meditar, igualmente estimulantes. Citemos alguns ainda:

- **desenvolver a serenidade do corpo, das emoções e dos pensamentos** — efeitos sentidos quase de imediato, com o estabelecimento de uma rotina diária que inclua alguns minutos de meditação;
- **desenvolver a clareza mental;**
- **... o controle das emoções;**
- **... da mente;**
- **desenvolver a criatividade;**
- **... a alegria...;**
- **... o entusiasmo...**

Em suma, **reorganizar-se energeticamente!**

Meditação... Meditação... Afinal: O Que É?

Vamos tentar compreender...

Com essas palavras iniciais já se pode vislumbrar o que a meditação é?

Sim e não...

Vejamos por quê:

Sim!

... Pois podemos extrair daí algumas indicações que definem a meditação e sua função:

- A meditação é um meio, uma "ferramenta" que parece facilitar a conexão do pequeno ser com o Grande Ser — do ego com o Self, do indivíduo com o "divino" — dentro e fora dele mesmo.

- A meditação desperta para a percepção da Essência, aquele Centro de Paz a que nos referimos, e "flexibiliza" o ego, tornando-o mais maleável, mais compassivo, alterando a visão de mundo, alinhando e harmonizando corpo, mente e espírito, *reorganizando energeticamente* todo o campo.

Não...

... Porque... o que é mesmo a meditação? Qual é mesmo o gosto do açúcar?

Há que se provar o doce na própria boca para senti-lo. É algo assim o que ocorre na meditação.

Meditação não é uma teoria, uma doutrina, um exercício intelectual ou uma fórmula abstrata. É uma *vivência* que precisa ser provada, "saboreada" para ser conhecida e "sabida" ("sabor" e "saber" têm a mesma raiz). É algo que se faz fazendo, que só tem realidade quando é vivido.

Já é possível teorizar sobre a meditação. Atualmente seus efeitos têm merecido estudos científicos, que têm contribuído para trazer a sabedoria antiga das tradições espirituais para o saber comunitário.

Porém, neste livro, a proposta é outra: *mergulhar no próprio oceano da meditação* e vasculhar até encontrar aí as "Pérolas do Eterno".

Nosso objetivo é praticar a meditação de diferentes formas, incluindo temas que possuem uma força simbólica bastante mobilizadora. É, além disso, despertar para o Eterno Sagrado do e no cotidiano, abrindo espaço para a sintonia com os temas da vida pessoal para alcançar, afinal, os objetivos da meditação.

E aí, somente aí e então, meditação é nada fazer: é o Vazio da Totalidade, e a Totalidade percebida como Vazio prenhe de Sagrado — a Consciência Cósmica.

Observação Importante

Para uma compreensão maior dos objetivos de cada exercício de *Reorganização Energética* do item "Meditações Temáticas", fornecemos no apêndice a classificação utilizada no contexto da Integração Multidimensional.

Essa classificação, que permite uma análise sucinta das técnicas propostas, foi feita tomando-se por base dois critérios: o tipo de *processo interior* de ampliação da consciência, envolvido no exercício, e o *nível ou dimensão da consciência* influenciado pela prática do exercício. Ou seja: como se processa a *Reorganização Energética* na *Integração Multidimensional.*

Levamos em conta três mapas da realidade multidimensional da consciência, a saber:

1. A "Hierarquia do Desenvolvimento da Consciência", desenvolvida por Ken Wilber;
2. A "Antropologia Holística" de Fílon e os Terapeutas de Alexandria;
3. "As Dimensões da Energia Criativa", mapa utilizado no sistema de cura pela energia, desenvolvido por Barbara Ann Brennan.

Para aqueles leitores interessados em aprofundar teoricamente o conhecimento e o auto-reconhecimento, oferecemos uma ampla relação de livros inspiradores deste caminho na Bibliografia.

Como Usar Este Livro

Pratique os *Exercícios Preliminares*, que são fundamentais para preparar seu corpo e sua mente para a meditação.

Antes de estabelecer uma rotina e uma disciplina honesta, dentro de suas possibilidades, incluindo os *Exercícios Preliminares*, que devem ser feitos com empenho, *não é recomendável* a prática das *Meditações Temáticas*, que formam a parte principal deste livro. Isto porque é *imprescindível* estabelecer uma base sólida de contato com a realidade corporal e psíquica, obtendo um certo controle de seus processos internos, tais como a respiração, a concentração, a atenção, etc. — habilidades que estes exercícios iniciais desenvolvem.

Não há intenção de dispor as *Meditações Temáticas* em ordem crescente de dificuldade.

Desse modo, depois de estar fazendo os *Exercícios Preliminares* de forma satisfatória, você poderá escolher uma *Meditação Temática*, que poderá ser repetida durante vários dias, até que você sinta que preencheu os objetivos buscados através de sua prática.

Algumas sugestões ao escolher uma *Meditação Temática*:

1. Confiando na sincronicidade, abra o livro numa página ao acaso;
2. Escolha pelo tema que mais lhe atrair, pelo *Sumário*;
3. Consulte os quadros classificatórios no *Apêndice (Anexo 1)*, partindo de sua necessidade interior a ser trabalhada na meditação;

4. Siga, simplesmente, a ordem em que são oferecidas no livro.

Outras Recomendações

1. É conveniente você ter um caderno de anotações que sirva de "diário" de suas percepções motivadas pelos exercícios. Os exercícios são meditações dirigidas até certo ponto, depois do qual o poder de cura dentro de cada um, conectado com a emanação que provém do símbolo, promove o direcionamento peculiar e necessário. A sabedoria que habita cada ser é a garantia desse direcionamento curador.
2. Pratique a meditação com reverência, criando um espaço interno de cura e bênção.
3. O espaço exterior, o lugar escolhido para fazer a meditação, bem como suas condições, podem ser auxiliares na realização dos exercícios. Mas muitas vezes é quase impossível isolar-se completamente para meditar. Tenha a certeza, no entanto, de que não são o incenso, a música suave, o silêncio, etc., a parte essencial da prática. Você pode preparar esse local agradável se for possível, mas não se prenda a isso. Aproveite os momentos em que você possa estar sozinho com você mesmo: antes de as pessoas da casa acordarem, ou depois que todos tenham ido dormir, ou em algum momento durante o dia. Sempre é tempo para meditar, e há tempo (pelo menos uns cinco minutinhos para começar...) nas vinte e quatro horas do dia!

Abra o espaço e o tempo, e a meditação acontecerá!

EXERCÍCIOS DE REORGANIZAÇÃO ENERGÉTICA

Os exercícios de *Reorganização Energética* dividem-se em sete categorias, de acordo com os diferentes objetivos que possuem. São elas:

I. Base
II. Energização
III. Respiração
IV. Relaxamento
V. Interiorização
VI. Meditação Temática
VII. Meditação Sem Forma

Uma série de *Reorganização Energética* deve conter exercícios de cada categoria.

Sugerimos que você selecione os exercícios, criando, assim, uma série personalizada.

Varie os exercícios, experimentando e descobrindo novas formas de trabalhar com sua dinâmica energética.

As combinações possíveis são inúmeras, como você poderá constatar.

A. Exercícios Preliminares

Estes exercícios formam as cinco primeiras categorias dos exercícios de *Reorganização Energética*:

I. Base
II. Energização
III. Respiração
IV. Relaxamento
V. Interiorização

Recomendamos que você pratique regularmente os *Exercícios Preliminares* antes de incluir a prática das *Meditações Temáticas*.

É fundamental preparar o corpo e a mente para mergulhar no oceano da *meditação* em busca de pérolas...

Os *Exercícios Preliminares* devem continuar a ser praticados *sempre antes* da *meditação*.

I. BASE

Estes exercícios visam intensificar o contato com o ambiente e com a realidade corpórea.

Recomendação: selecione de 3 a 6 exercícios desta categoria para praticar.

1. *Integrando-se*

Fique de pé, coluna ereta, pélvis e ombros na posição correta, olhos abertos, olhar dirigido para um ponto do chão, num ângulo confortável para você (mais ou menos 45º). Recolha sua consciência para dentro do corpo, mantendo contato com o ambiente, buscando ampliar a consciência de si mesmo como ser vivente.

Permaneça imóvel nessa posição por alguns minutos (2 a 4 minutos), respirando normalmente.

2. *Ancorando*

Na mesma posição do exercício nº 1, comece a sentir o peso do seu corpo. Mantendo a coluna ereta, os ombros relaxados e a cabeça imóvel, realize alguns movimentos com as pernas dobrando os dois joelhos, indo para baixo lentamente e depois voltando à posição inicial. Faça os movimentos bem devagar para sentir bem o peso do corpo. Depois de alguns minutos (2 a 4), volte à posição inicial e tente perceber a energia circulando em seu corpo.

3. *Cedendo*

Fique de pé, com a coluna ereta. Comece a ter consciência do peso do seu corpo desde os pés até a cabeça. Abaixe-se devagar, cedendo a este peso, até o chão, ficando de cócoras, apoiando-se com as mãos. Respire, permanecendo sempre com os olhos abertos. Ceda às tensões que o peso impõe a você. Devagar, volte à posição inicial e observe suas sensações. Registre-as mentalmente.

Repita o exercício mais duas vezes.

4. O Contato com o Chão

Fique de pé. Comece a andar, onde quer que você se encontre, prestando atenção aos objetos e ao ambiente que o circunda. Direcione o foco da sua atenção para os seus pés. Comece a tornar-se consciente dos movimentos que você realiza enquanto caminha. Diminua a marcha, de modo que você perceba detalhes de seus movimentos, até andar em marcha lenta. Pare. Caminhe novamente devagar. Pare. Sinta o contato dos seus pés com o chão. Intensifique esse contato colocando sua atenção nas solas dos pés. Permaneça alguns minutos assim.

5. A Criação de Raízes

Fique de pé, olhos abertos, pernas afastadas no alinhamento dos ombros, pés paralelos. Sinta as solas dos pés tocando o chão. Afaste os artelhos e conecte-os com o solo. Visualize-os como raízes penetrando na terra, aumentando seu senso de pertinência às coisas da Terra. Através de suas raízes, você também recebe nutrição e proteção.

Relaxe e desfaça mentalmente a imagem.

6. Entregando-se ao Campo Magnético

Caminhe pelo lugar onde você se encontra. Depois de alguns minutos, diminua a marcha e perceba a força de gravidade da Terra. Permita que esta força atue sobre seus movimentos, dificultando-os. Comece a arrastar os pés pelo chão enquanto você caminha devagar. Sinta a força do magnetismo atraindo e mantendo tudo conectado fortemente com a Terra. Relaxe e desfaça a imagem.

7. Conectando-se com a Realidade

Sente-se numa cadeira com a coluna ereta (sem se encostar). Coloque os pés em contato com o chão e as mãos sobre as coxas. Fique de olhos abertos, descansando o olhar num ponto confortável no solo. Tome consciência da superfície abaixo dos pés e da superfície sobre a qual você está sentado. Coligue-se com a realidade espacial em que você está inserido neste momento.

8. Conectando-se com a Base

Sente-se no chão com as pernas cruzadas, coluna bem ereta e relaxada, mãos descansando sobre os joelhos. Apóie o olhar no solo, olhos entreabertos. Relaxe. Sinta a superfície onde você está sentado. Permaneça nesta posição por alguns minutos.

II. ENERGIZAÇÃO

Estes exercícios energéticos visam elevar o nível da energia vital, que normalmente se encontra semi-adormecida devido ao estilo sedentário de vida que levamos hoje em dia.

Estes exercícios são muito úteis para afastar o cansaço depois de um dia de trabalho, servindo ao propósito de liberar as tensões e a energia nelas bloqueada, colocando-a disponível para a concentração que precede a meditação.

Ao selecionar estes exercícios, pensei em facilitar o mais possível a etapa do "aquecimento" para a prática da meditação. Devo mencionar, entretanto, que alguns exercícios da bioenergética e da *core energetics* — em especial os que mantêm correlação mais evidente com os "chakras" —, assim como os exercícios de hatha yoga e kum nye são, em geral, desenvolvidos para este fim (além, obviamente, de se destinarem a outros propósitos mais amplos, tais como a interiorização, a harmonização e a cura).

Recomendação: selecione de 2 a 4 exercícios desta categoria para praticar.

1. Caminhando

Caminhe onde você estiver: em sua sala, seu jardim, pela calçada em sua rua, no campo ou na praia.

Coloque intensidade nos seus movimentos. Isso não significa esforço físico, mas consciência e presença nos movimentos que você está fazendo. Conecte-se com a força vital que proporciona a alegria de estar vivo, de estar saudável, através do seu caminhar. Respire a plenos pulmões, desfrutando do ambiente a seu redor, de cada elemento nele presente. Caminhe por alguns minutos (3 a 5).

Este exercício é um exercício de gratidão à criação.

2. Correndo

Acelere sua marcha. Corra sem pressa, num ritmo tranqüilo. Permita que as sacudidelas suaves do seu corpo façam a energia se mover como ondas. Se não for possível correr num ambiente externo, corra sem sair do lugar, num local arejado, para que você possa respirar bastante. Pratique este exercício por alguns minutos (1 a 3).

3. Saltitando

Dê pequenos saltos procurando liberar a alegria que certamente reside em você.

Os saltos podem ser variados: com ambas as pernas, alternando as pernas, fazendo pequenas evoluções para os lados, para frente ou para trás. Use sua criatividade, colocando os braços no movimento para intensificar o ritmo.

O tempo do exercício depende da sua vontade e da sua disposição.

Lembre-se de que não estamos propondo um condicionamento físico (embora isto possa ocorrer devido à constância nos exercícios, ajudada pela consciência da energia aplicada aos movimentos).

Não se esqueça de respirar enquanto pula.

Este é o exercício da alegria.

4. Balançando

De pé, sem sair do lugar, solte o quadril, o peito, os ombros, os braços, as mãos, as pernas e os joelhos, balançando-os em ritmo acelerado, em movimentos curtos e rápidos, como se você estivesse sendo sacudido pelo balanço de um trem.

Balance o seu corpo por um minuto aproximadamente, Descanse e repita.

5. Contraindo e Expandindo

Fique de pé, com a coluna ereta. Feche os olhos. Inspire profundamente enquanto contrai todo o corpo, vibrando com a energia. Mantenha a contração contando de 1 a 5. Agora, solte todas as partes do corpo. Permaneça de olhos fechados, observando a expansão da energia liberada no relaxamento.

Repita o exercício mais duas vezes.

6. Desbloqueando Cada Parte do Corpo

De pé, com a coluna ereta, dobre várias vezes os dedos do pé esquerdo, mentalizando o fluxo de energia como uma pequena luz que se acende nesta região enquanto você faz o movimento. Depois faça a mesma coisa com os dedos do pé direito. Imagine essa "luz" da energia acendendo-se em cada parte do seu corpo enquanto você realiza os movimentos seguintes. Faça rotações com os tornozelos esquerdo e direito no sentido horário e anti-horário. Junte os pés e os joelhos, e faça rotações com os joelhos ligeiramente dobrados, apoiando as mãos sobre eles (3 vezes para a direita e 3 vezes para a esquerda). Solte a pélvis, com as mãos na cintura, balançando-a para a frente e para trás, para a direita e para a esquerda. Faça rotações com a pélvis, sempre consciente do movimento energético, imaginando a luz acesa nessa região. Encaixe agora a pélvis e gire o tórax (3 vezes para a direita e 3 vezes para a esquerda) numa rotação lenta. Com os braços soltos ao lado do corpo, gire os ombros para trás (3 vezes) e para a frente (3 vezes). Gire as mãos e os punhos no sentido horário e anti-horário várias vezes. Sacuda os dedos das mãos. Dobre-os várias vezes, lembrando-se de estar presente nos movimentos. Incline vagarosamente a cabeça para a frente, mantendo a coluna ereta e os ombros relaxados, e depois para trás, por 3 vezes. Faça 3 rotações lentas do pescoço para a esquerda e depois para a direita. Fique imóvel por alguns instantes, observando as sensações depois do exercício completo.

7. Enrolando a Coluna

Fique de pé e afaste os pés um do outro numa distância equivalente à largura dos seus ombros. Solte a cabeça para a frente, deixando o queixo tocar o peito. Vá descendo a coluna, procurando sentir que, vértebra por vértebra, partindo da cervical (na altura do pescoço), ela vai se encurvando, enrolando-se como um tapete, até as mãos tocarem o chão. Agache-se devagar, relaxando sobre o solo, de cócoras.

Comece a se levantar, muito devagar, esticando as pernas e desenrolando cada parte da coluna, vértebra por vértebra e, por último, encaixe o pescoço, endireitando a cabeça.

Repita o movimento completo mais 2 vezes.

8. Balançando

De pé, abaixe-se devagar, dobrando o corpo para a frente até que as mãos se apóiem no chão. Permaneça nesta posição com os joelhos dobrados e com a cabeça solta, inclinada para baixo. Apóie-se bem no chão, com as mãos e os pés bem enraizados, e balance o quadril para cima e para baixo, como uma alavanca. Mexa o quadril para um lado e para o outro, certificando-se da maleabilidade das articulações do corpo todo.

Faça vários movimentos nessa posição e volte bem devagar para a posição inicial, esticando primeiro as pernas, desenrolando a coluna vértebra por vértebra até o pescoço, colocando, por fim, a cabeça alinhada com o pescoço e todo o tronco.

9. Vibrando

Coloque-se de pé, afastando os pés na distância equivalente à largura dos seus ombros, mantendo-os paralelos. Eleve os braços esticados sobre a cabeça e mantenha os olhos abertos. Incline-se um pouco para trás, bem devagar e sem forçar, com os joelhos um pouco dobrados. Procure um ponto nessa inclinação em que seu corpo começa a vibrar a partir da barriga, como se o epicentro desse terremoto energético fosse o umbigo. Mantenha-se nesta vibração revigorante por alguns instantes e volte devagar à posição inicial. Relaxe os braços e tente perceber o fluxo ativado de energia. Repita todo o exercício por mais 2 vezes.

10. Despertando Cada Parte e o Todo

Este exercício de automassagem pode ser feito de pé, sentado ou deitado.

Comece este exercício esfregando uma mão contra a outra até aquecê-las bem, aguçando sua percepção pelo tato, o que o ajudará a colocar a consciência nas palmas das mãos.

Toque cada parte do seu corpo, massageando-a bem devagar e suavemente, começando pelos dedos dos pés e subindo até a cabeça e o couro cabeludo. Ao fazer a massagem, permita que o toque de suas mãos curativas desfaça cada bloqueio e cada tensão que estiver oculta na memória do corpo.

Além do toque sutil, você pode alternar pancadinhas leves para despertar as células adormecidas, ou esfregar rápida e lentamente, etc. Use sua criatividade, guiada pela intuição, procurando perceber que tipo de toque seu corpo está pedindo.

III. RESPIRAÇÃO

Os exercícios respiratórios são parte essencial do processo da meditação. Estes exercícios selecionados são simples, porém possuem um valor excepcional se praticados de forma correta. Originários do Yoga, da "Ciência do Pranayama", além de servirem ao propósito de contribuir com a saúde cardiovascular e pulmonar, atuam sobre o que os iogues chamam de "prana" — a energia vital, que, segundo a fisiologia iogue sutil, é o que sustenta a vida e a forma.

Os exercícios respiratórios estão, pois, ligados diretamente ao controle do "prana" ou força vital, e têm um significado simbólico profundo por refletirem ritmos presentes no universo. Esses ritmos praticados na respiração encontram ressonância nos fenômenos da natureza.

O respirar adquire, então, o sentido da sintonia com os processos naturais, que vão desde a respiração das células até a "respiração" das galáxias. O próprio universo em expansão corresponderia a uma grande expiração, e o universo em contração à grande inspiração. Trata-se do "movimento pulmonar" do Grande Ser Inominável — Deus — segundo a mitologia hindu.

Mas voltemo-nos para o interior de nós mesmos. Aí encontraremos o reflexo microcósmico do Evento Macrocósmico.

Recomendação: selecione 2 ou 3 exercícios desta categoria para praticar.

1. Respirando Naturalmente

Sente-se com a coluna ereta e relaxada, mantendo as costas livres (numa cadeira, sobre uma almofada ou no chão). Descanse os braços, apoiando as mãos com as palmas voltadas para cima sobre as coxas. Feche os olhos delicadamente. Sem alterar o ritmo de sua respiração, observe o ar entrando e saindo pelas narinas. Observe sem nada fazer. Simplesmente constate o seu ritmo natural. Respire assim por alguns minutos.

2. Respirando Profundamente

Na mesma postura do exercício 1, e com a mesma atitude mental de tranqüilidade, inspire profundamente pelas narinas, de modo que você sinta seus pulmões sendo preenchidos pelo ar e seu abdome expandir-se, sem forçar, apenas aprofundando o movimento natural da respiração... e expire devagar, soltando o ar, voltando à condição inicial com os pulmões vazios. Repita este exercício algumas vezes e observe a tranqüilidade que ele proporciona.

3. Respirando e Aliviando o Stress

Sente-se na postura sugerida para praticar os exercícios respiratórios (como no exercício 1). Mantenha a mente ligada à respiração. Comece expirando lenta e completamente pela boca, esvaziando totalmente os pulmões. Inspire devagar pelo nariz, e inicie a expiração pela boca de modo que esta seja mais longa que a inspiração. Expire completamente, deixando-se vazio de tensões, e renove-se, inspirando o ar puro, limpo e leve. Repita a seqüência algumas vezes, sempre que se sentir tenso e cheio de preocupações: libere o ar "antigo" que se aloja no recôndito dos pulmões, e inspire o ar "novo", que traz energia e criatividade.

4. Respirando e Ritmando a Vida

Sente-se na postura do exercício 1. Feche os olhos, descansando as pálpebras. Inspire pelo nariz, bem devagar, contando mentalmente de 1 a 5 (sem forçar: se for mais confortável para você, conte de 1 a 3 — ou de 1 a 10, se sua capacidade pulmonar já estiver exercitada com atividades esportivas).

Expire também lentamente pelo nariz, contando mentalmente de 1 a 5 (ou na contagem adequada a você: de 1 a 3 ou de 1 a 10). Inspire novamente e expire com ritmo, sempre pelas narinas. Pratique este movimento ritmado de 6 a 12 vezes. Observe como se cria uma dinâmica positiva através do ritmo, que pode ser estendida à sua vida.

5. Respirando e Harmonizando

Na postura do exercício 1, feche os olhos. Inspire pelas narinas bem devagar, contando mentalmente de 1 a 5 (ou no ritmo que for mais confortável para você, começando com a contagem de 1 a 3). Retenha a respiração, permanecendo com os pulmões cheios, contando de 1 a 5 (ou o tempo igual ao da inspiração). Solte devagar o ar dos pulmões pelas narinas contando de 1 a 5 (ou o tempo igual aos anteriores). Mantenha os pulmões vazios na mesma contagem. Recomece o movimento respiratório completo, repetindo-o de 6 a 12 vezes. Observe que o tempo dado à parada com os pulmões cheios permite a assimilação do "prana" (ou energia vital). Note também o intervalo com os pulmões vazios, que parece abrir a possibilidade de perceber-se sem movimento, como e o que se é: um ser harmônico e em paz.

6. Respirando a Leveza

Na postura habitual dos exercícios respiratórios, como está descrito no exercício 1, coloque a atenção na respiração, tornando-a consciente. Deixe o ar entrar pela boca entreaberta e relaxada, e pelo nariz, simultaneamente, de forma natural e sem esforço algum.

Deixe que a respiração aconteça como ela é: leve como um fio sutil que sustenta a vida orgânica, ligado a uma fonte imensurável que sustenta todas as vidas.

7. *Respirando a Cor*

Este exercício está diretamente ligado aos processos de cura pela vibração da cor.

Sugerimos aqui o desenvolvimento básico do exercício, deixando a escolha da cor a ser trabalhada a critério do praticante.

As cores "inspiram" certas atitudes e despertam determinadas qualidades nos indivíduos. Algumas indicações gerais para o uso das cores são:

Cor	**Indicações**
Vermelho	Incremento da força vital, senso de realidade, base ou enraizamento
Laranja	Alegria, prazer, motivação
Amarelo	Poder, intelectualidade
Verde	Cura
Rosa	Amor, conforto emocional
Azul-celeste	Criatividade, expressividade
Azul-índigo	Calma, concentração, aprofundamento
Violeta	Transformação
Branco	Limpeza, purificação
Prata	Correção, proteção, propósito
Ouro	Ascensão, elevação de consciência, espiritualidade, proteção.

E vamos ao exercício:

Sente-se na postura indicada no exercício 1. Feche os olhos. Respire tranqüilamente. Imagine que o ar que o cerca se torna colorido: imagine-o totalmente ________ (cor). Sinta-se envolvido pelo ar ________ (cor) em torno de você. Despertando a sensação do ________ (cor) em você, inspire pelas narinas este ar colorido. Leve-o para dentro de seus pulmões, deixando essa cor atuar no seu sangue, renovando-o.

Respire sem alterar o seu ritmo natural. Expire devagar. Inspire novamente e perceba que você vai se impregnando com essa cor: seu corpo todo está entregue à ação curativa do ________ (cor). Respire desta forma, imaginando o ar ________ (cor), por alguns minutos.

Obs.: experimente praticar este exercício em diferentes ocasiões, sempre partindo de sua necessidade emocional. Procure antes de tudo detectar este apelo íntimo, e depois situá-lo na tabela de indicações. Daí, então, pratique o exercício preenchendo os espaços reservados com o nome da cor escolhida.

IV. RELAXAMENTO

O relaxamento é fundamental como exercício preparatório para a prática da meditação.

O relaxamento proporciona um estado de desligamento das tensões físicas, emocionais e mentais, liberando o indivíduo para o mergulho mais profundo e curativo na meditação.

A energia mal direcionada, para bem dizer, aprisionada nos movimentos e tensões de toda ordem, torna-se disponível para ser aplicada corretamente no próximo passo na seqüência que facilita o processo da meditação.

Quando praticado com empenho, o relaxamento pode auxiliar a superar o *stress* físico, emocional e mental, a fadiga comum proveniente do dia-a-dia, e também a conquistar um estado de paz emocional e mental.

Existem inúmeras formas (métodos e técnicas) de se praticar o relaxamento. Para o nosso propósito, selecionei alguns exercícios básicos.

Sugiro que o leitor pesquise também, adotando a prática do relaxamento como algo vital no seu cotidiano. Os benefícios são muitos, e as possibilidades infinitas.

Recomendações Gerais

Cuide para que você esteja vestido confortavelmente, com roupas frouxas.

Tire óculos, anéis, pulseiras, colares, relógio, presilhas, sapatos — tudo que de alguma forma exerça pressão sobre qualquer área do corpo.

A *postura* mais indicada para o relaxamento é a deitada.

Deite-se de costas sobre uma superfície lisa, que poderá ser um tapete, um colchonete ou um colchão.

Afaste as pernas ligeiramente, os braços, e deixe as palmas das mãos voltadas para cima (sem forçar). Posicione a coluna alinhada em relação ao pescoço e à cabeça. Permaneça de olhos fechados.

Esta é a postura básica que deve ser adotada ao se iniciar o relaxamento.

O relaxamento, lembre-se, é um momento de entrega a si mesmo, à vida e ao cosmos. Presenteie-se com essa dedicação exclusiva e integral para obter mais tranqüilidade, bem-estar e paz interior.

A assiduidade na prática produz transformações que se estabilizam com o tempo, sendo assimiladas como atributos em sua maneira de ser.

Como já dissemos anteriormente, são muitos os caminhos do relaxamento.

Esta seleção sugerida ilustra bem essa possibilidade, pois caminharemos por rotas diferentes.

Exercício 1: dos pés à cabeça
Exercício 2: da cabeça aos pés
Exercício 3: das mãos à cabeça e aos pés
Exercício 4: simultâneo
Exercício 5: do interior para o exterior
Exercício 6: do exterior para o interior

Recomendação: selecione um exercício desta categoria para praticar.

1. *Percorrendo os Caminhos do Corpo: Dos Pés à Cabeça*

Antes de mais nada, adote a *posição* do relaxamento, e siga as *Recomendações Gerais* (do item *Relaxamento*).

Perceba o peso do seu corpo no contato com a superfície, e solte-o. Deixe o corpo livre das amarras que você usa para estar no mundo. Desligue-o das preocupações, deixando que elas sejam removidas por uma agradável sensação de peso.

Relaxe cada parte do corpo, à medida que coloca nela a sua consciência:

- dedos do pé direito: 5º, 4º, 3º, 2º, 1º;
- dedos do pé esquerdo: 5º, 4º, 3º, 2º, 1º;
- sola do pé direito, calcanhar direito, peito do pé direito, tornozelo direito;
- sola do pé esquerdo, calcanhar esquerdo, peito do pé esquerdo, tornozelo esquerdo;

- barriga da perna direita, perna direita, joelho direito, ligamentos atrás do joelho direito e rótula do joelho direito;
- barriga da perna esquerda, perna esquerda, joelho esquerdo, ligamentos atrás do joelho esquerdo e rótula do joelho esquerdo;
- coxa direita (frente e trás);
- virilha direita;
- nádega direita;
- coxa esquerda (frente e trás);
- virilha esquerda;
- nádega esquerda;
- bacia e cóccix;
- órgãos genitais;
- abdome e umbigo;
- diafragma;
- peito e costelas;
- músculos das costas;
- toda a coluna (do cóccix à nuca);
- ombro direito, braço direito, cotovelo direito, antebraço direito, pulso direito;
- mão direita (palma e face);
- dedos da mão direita: 5º, 4º, 3º, 2º, 1º;
- ombro esquerdo, braço esquerdo, cotovelo esquerdo, antebraço esquerdo, pulso esquerdo;
- mão esquerda (palma e face);
- dedos da mão esquerda: 5º, 4º, 3º, 2º, 1º;
- nuca;
- pescoço;
- garganta;
- língua;
- lábios;
- queixo;
- maçãs do rosto;
- narinas;

- testa;
- sobrancelhas;
- olhos;
- pálpebras;
- couro cabeludo;
- orelhas;
- crânio.

Deixe-se soltar, entregue-se a este suave estado de imobilidade restauradora.

Imagine agora que uma chuva dourada finíssima cai do cosmos e penetra em todas as suas células, nutrindo-as com vitalidade.

Permaneça neste estado de relaxamento profundo por alguns minutos (de preferência sem adormecer).

Quando você julgar suficiente o tempo do relaxamento, faça algumas respirações profundas para ativar o seu contato com o ambiente.

Mexa devagar as extremidades do corpo, e depois as outras partes, espreguiçando-se como um gato.

Vire-se lentamente para o lado direito, e, com muito cuidado, sente-se, quando se sentir pronto.

Este exercício é muito importante para o desenvolvimento da consciência corporal.

Ao fazê-lo, ocupe-se de exercitar naturalmente a consciência, transportando-a para cada parte do corpo.

Não se preocupe em memorizar a seqüência proposta para que o exercício dê certo! Faça-o como se você estivesse se olhando: perceba cada parte do seu corpo e lembre-se de incluí-la no processo.

2. *Pelos Caminhos do Corpo: Percorrendo o Circuito da Cabeça aos Pés*

Coloque-se na posição deitada, observando as *Recomendações Gerais* para o *Relaxamento*.

Faça três respirações profundas. A cada expiração, sinta que você alivia a carga das tensões do dia-a-dia alojadas no corpo e na mente.

Relaxe a cabeça, sentindo o apoio e o conforto que a superfície proporciona a seu crânio. Procure "soltar" o cérebro dentro da caixa craniana, deixando-a leve. Relaxe o couro cabeludo, as orelhas, os olhos, a testa, a face e o queixo. Deixe a língua solta dentro da boca, relaxando também a garganta. Solte a nuca e o pescoço. Abandone esta região completamente, percebendo a leveza da experiência.

Solte o peito, o coração e os pulmões. Relaxe as costas, toda a coluna. Afrouxe os órgãos dentro do abdome e a barriga. Deixe a respiração fluir livremente nesta região relaxada do seu corpo.

Relaxe a bacia, os órgãos genitais e as nádegas.

Sinta que seu tronco está completamente relaxado e leve.

Solte agora as coxas, os joelhos, as pernas e os tornozelos. Libere-os das tensões, permitindo que os ligamentos se afrouxem.

Deixe que os calcanhares se afundem na superfície em que você está deitado, relaxando todos os ossos dos pés e dos artelhos.

Perceba como o seu corpo se tornou leve como o algodão.

Envolva-o agora numa deliciosa e aconchegante nuvem branca. Permita que ela massageie suave e docemente todo o seu corpo com sua substância etérea purificadora.

Permaneça nesse estado por alguns minutos, desfrutando dessa sensação gostosa de estar aconchegado e protegido.

Quando você julgar suficiente, volte devagar, retomando o contato com o ambiente através da respiração. Faça pequenos movimentos com os pés, com as mãos e com o pescoço. Por fim, espreguice-se longamente.

3. *Traçando a Rota Central: Conectando-se com o Coração*

Coloque-se na posição sugerida nas *Recomendações Gerais*.

Tome consciência da respiração, observando o ar que entra e sai pelas narinas.

Faça algumas respirações profundas e suaves, de modo que a entrada do ar novo inspirado ajude a remover o ar "antigo" alojado nos pulmões, e, junto com ele, antigas tensões e preocupações, que você vem carregando por dias e talvez por muito mais tempo (meses ou anos...). Deixe que tudo se despregue de sua interioridade. Deixe sair o antigo para que o novo possa ter espaço na sua vida.

Comece a fazer contato com as palmas das mãos, que estão levemente voltadas para cima, descansadas e receptivas, colocando sua consciência nelas. Perceba um calor morno na palma das mãos. Deixe que esse calor se espalhe pelos dedos, invadindo também os pulsos, os antebraços, os cotovelos, os braços, chegando até os ombros. Permita que essa sensação morna atue como um bálsamo, acalmando e recuperando cada região do seu corpo.

Deixe que esse calor chegue até o coração, e perceba que sentimentos de gratidão e amor começam a brotar aí.

Permita que esses sentimentos permeiem cada célula do seu corpo e a atmosfera em torno dele.

Essa sensação morna alcança agora o pescoço, a nuca, a cabeça e o cérebro, trazendo consigo os sentimentos de alegria, amor e gratidão despertados no coração.

Entregue-se a esse momento especial, beneficiando-se com a cura que ele proporciona a você.

O calor suave e os sentimentos bons que o acompanham seguem seu movimento espontâneo, chegando à coluna. Aí ele percorre devagar toda a coluna indo da nuca em direção ao cóccix, relaxando ao mesmo tempo todos os músculos nas costas, nádegas e abdome.

Note como cada parte vai sendo revigorada, à medida que sua consciência é depositada nela.

Permita agora que a sensação e os sentimentos de alegria, amor e gratidão continuem seu percurso, descendo pelas coxas, joelhos, tornozelos, calcanhares, chegando aos pés e aos artelhos. Relaxe completamente.

Permaneça por alguns minutos nesse estado morno de bem-aventurança, recebendo este bálsamo energético revigorante que você ativou dentro de você.

Quando julgar suficiente o tempo do relaxamento, respire algumas vezes profundamente, e, depois de espreguiçar-se, vire-se para a direita e sente-se devagar.

4. *Contraindo para Relaxar*

Adote a postura que consta nas *Recomendações Gerais* para o *Relaxamento*.

Faça algumas respirações profundas. Depois disto, inspire profundamente e contraia todas as partes do corpo ao mesmo tempo, sustentando a contração enquanto retém a respiração contando até cinco. Relaxe todo o corpo, soltando as tensões ao mesmo tempo.

Repita esse procedimento por mais duas vezes.

Verifique mentalmente se existe alguma tensão no seu corpo. Se houver, relaxe-a. Sinta-se perfeitamente relaxado, como se seu corpo fosse uma mola solta e flexível.

Visualize agora o seu corpo sendo envolvido por uma cristalina nuvem azul-anil. Respire essa cor suavemente, permitindo que ela penetre na corrente sangüínea e atinja cada célula do seu corpo, transformando cada sensação, cada emoção, cada sentimento e cada pensamento que emanam de seu ser num reflexo da clareza, que é a sua qualidade essencial.

Permaneça assim nesse estado de profunda calma por alguns minutos, desfrutando do poder curativo do azul.

Para retomar o contato com o ambiente, faça algumas respirações profundas, realize pequenos movimentos com os pés, com as mãos e com o pescoço. Espreguice-se deliciosamente. Então, vire-se para o lado direito, e sente-se devagar.

5. *Navegando pelos Rios da Corrente Sangüínea*

Coloque-se na *postura* indicada para o *Relaxamento*.

Solte o peso do seu corpo no chão, sentindo o contato da superfície onde você se encontra.

Respire profundamente por alguns minutos, procurando seguir o calor do ar na expiração.

Conecte-se com a pulsação do sangue circulando pelo seu corpo.

Faça contato com o seu coração. Procure perceber aí o movimento vital do sangue sendo bombeado para todo o seu corpo.

Imagine que você está navegando na sua própria circulação sangüínea.

Perceba o movimento contínuo, procurando relaxar ao ser levado pela corrente sangüínea através dos rios cálidos de suas artérias e veias.

Relaxe embalado pelo fluxo sangüíneo, que retorna ao coração a cada volta completa pelo seu corpo.

Perceba-se revigorado pelo oxigênio que se renova.

Entregue-se ao calor da vida circulante em você.

Relaxe todo o corpo, sentindo-se aquecido.

Deixe que esse estado morno de relaxamento aflore, chegando à superfície do seu corpo, envolvendo-o com uma nuvem rubra.

Permaneça nesse estado de soltura por alguns minutos.

Depois de algum tempo, intensifique a respiração, mexendo-se devagar, até se espreguiçar completamente. Abra os olhos, retomando o contato com o ambiente onde você se encontra.

Vire-se para o lado direito e sente-se sem pressa.

6. Libertando-se das Amarras das Tensões

Adote a *posição* recomendada para o *Relaxamento*.

Imagine que as tensões do seu corpo o envolvem como faixas amarradas em torno de seus diversos segmentos: pés, tornozelos, barriga das pernas, joelhos, coxas, pélvis, cintura, na altura do diafragma, peito, mãos, pulsos, antebraços, cotovelos, braços, ombros, pescoço, na altura da boca e do maxilar inferior e na altura dos olhos.

Dê-se conta de quanto desconforto estas amarras causam a você.

Perceba claramente essa compressão.

Visualize agora os nós que atam cada faixa sendo desfeitos, um após o outro, liberando o seu corpo dessas amarras apertadas.

Comece pela região da cabeça: solte a faixa que comprime o seu crânio e a região dos olhos. Relaxe. Solte o seu peso no chão.

Livre sua boca e seu queixo, deixando o maxilar entreaberto e a língua solta dentro da boca.

Solte agora a faixa ao redor do seu pescoço e perceba a expansão interior. Relaxe.

Libere seus ombros, relaxe-os, deixando-os soltos no chão.

Solte os braços, os cotovelos, os antebraços. Solte os pulsos e as mãos. Relaxe-os e perceba o sangue fluindo mais livremente.

Livre seu peito, seu diafragma, sua cintura e sua pélvis das amarras que os comprimem. Observe sua distensão relaxada e o espaço agora devolvido aos órgãos internos.

Livre suas coxas, seus joelhos, a barriga das pernas, os tornozelos e os pés. Relaxe-os, liberando seu peso no chão, deixando a circulação sangüínea fluir livremente.

Perceba-se internamente livre e relaxado, tendo dissolvido as amarras das tensões alojadas nos segmentos corporais.

Aprofunde a respiração, sentindo-se ainda mais solto a cada expiração.

Desfrute por alguns minutos desse estado de liberdade conquistada conscientemente.

Depois, em seu próprio tempo, mova-se devagar, espreguiçando-se e abrindo os olhos.

Vire-se para o lado direito e sente-se quando desejar.

V. INTERIORIZAÇÃO

Os exercícios seguintes também são fundamentais no caminho que conduz à prática da meditação, pois através deles torna-se possível serenar gradualmente os sentidos, as emoções e os pensamentos, liberando, assim, a atenção.

Estes exercícios contribuem para criar um estado mental propício à meditação: um estado no qual a atenção livre poderá ser aplicada ao objeto da meditação.

Postura Recomendada para a Prática da Interiorização

Sente-se numa cadeira ou banco com a coluna ereta, sem se recostar, mantendo a cabeça alinhada com o eixo formado pela coluna e pelo pescoço, e o queixo relaxado e paralelo ao solo. Mantenha o corpo relaxado, as mãos sobre as coxas com as palmas voltadas para cima e os pés bem apoiados no chão. Feche os olhos e relaxe a língua dentro da boca. Se você preferir, sente-se sobre uma almofada ou sobre um tapete com as pernas cruzadas, observando os demais pontos da postura.

Recomendação: selecione um exercício desta categoria para praticar.

1. Recolhendo-se

Adote a *postura* para a *Interiorização*.

Relaxe seu corpo.

Quando sentir que cada parte dele está bem acomodada, volte sua atenção para os sons que você está ouvindo.

Faça mentalmente uma lista de tudo o que você está ouvindo. Inclua qualquer som que surgir — todos os ruídos.

Feito isso, dirija sua atenção à respiração. Observe o ar que entra e sai pelas narinas. Respire várias vezes profunda e calmamente. Depois volte a respirar normalmente, sem forçar, por alguns instantes, até você perceber que sua respiração está bem tranqüila.

Dirija sua atenção, agora, para suas sensações corporais. Observe-as. Faça uma lista mental de todas as suas sensações.

Passe para suas emoções: observe o que você está sentindo. Faça também uma lista das emoções que você observou. Note como parece que tudo se acalmou.

Preste atenção aos seus pensamentos. Espere. Observe como eles surgem na sua mente e até onde eles vão. Observe também como você os mantêm presentes, segurando-os. Faça uma lista de todos os pensamentos que você está tendo no momento. Aguarde, soltando-os, até que sua mente fique "vazia".

Permaneça alguns minutos desfrutando desse estado de atenção para além dos processos mentais.

2. *Nuvens num Céu Azul*

Adote a *postura* para a prática da *Interiorização*. Pratique algumas respirações profundas, fazendo com que seu ritmo respiratório se harmonize.

Comece a observar o seu corpo e suas sensações. Reúna todas as suas sensações. Deixe que elas flutuem como nuvens indo para longe num céu azul.

Observe agora suas emoções, reunindo-as todas. Deixe que essas emoções flutuem como nuvens carregadas pelo vento num céu azul.

Faça o mesmo com seus sentimentos mais profundos. Deixe-os ir como nuvens que passam pelo céu azul.

Preste atenção a seus pensamentos. Observe como eles surgem. Deixe-os passar como nuvens sopradas pelo vento num céu azul.

Observe agora o céu azul e límpido da sua mente. Desfrute simplesmente desse estado de calma por alguns minutos.

3. *Entregando para a Terra*

Adote a *postura* indicada para a prática da *Interiorização*. Tome consciência da respiração. Deixe que o ar entre e saia naturalmente, sem alterar o ritmo da respiração. Apenas observe.

Observe o seu corpo e se dê conta das sensações presentes nele. Deixe que estas sensações comecem a escorrer como se fossem líquidas, sendo absorvidas pela terra.

Atente agora para suas emoções. Deixe que elas escorram como água e sejam bebidas pela terra.

Olhe para os seus sentimentos. Deixe-os escorrer também para a terra.

Observe os pensamentos que brotam na sua mente. Permita que eles se esvaiam como um líquido, sendo absorvidos pela terra.

Observe-se nesse estado vazio da mente e desfrute por alguns minutos dessa leveza etérea interior.

4. *Desligando Fios*

Adote a *postura* recomendada para a prática da *Interiorização*.

Observe suas sensações corporais como fios que o ligam ao mundo exterior.

Observe suas emoções e seus sentimentos como fios ligados a pessoas, objetos, desejos...

Observe seus pensamentos como fios ligados a pessoas, a idéias, a ambientes, afazeres, preocupações.

Conscientemente desligue os fios das sensações, das emoções, dos sentimentos e dos pensamentos, como se estivesse desligando um aparelho de múltiplos fios da tomada.

Certifique-se de que a corrente da consciência foi interrompida, recolhendo mentalmente seus fios em torno do próprio eixo corporal do aparelho que você é.

Sinta-se como potência e força, livre.

5. *Como a Tartaruga*

Coloque-se na *postura* recomendada para a prática da *Interiorização*.

Visualize uma tartaruga locomovendo-se lentamente. Note como ela arrasta consigo o peso de seu casco. Aproxime-se mentalmente desse ser. Observe que ela se coloca no meio de uma moita acolhedora e se aquieta. Veja como a tartaruga recolhe sua cabeça e suas patas para dentro do casco, entregando-se ao solo.

Sinta a suspensão dos sentidos em você, quando você se recolhe.

Liberte-se dentro de você.

Dedique-se unicamente à sua vivência interior.

Permaneça assim por alguns minutos, consciente da sua interioridade.

6. *Estar Consigo Mesmo*

Adote a *postura* indicada para a prática da *Interiorização*.

Visualize uma casa grande diante de você. Aproxime-se e entre. Note como ela é bonita, confortável e aconchegante. Percorra seus aposentos, explorando todos os seus recantos. Olhe através de todas as suas janelas e portas.

Você esquece do tempo e, quando percebe, já anoiteceu. Você resolve então ficar aí, na sua casa. É hora de se recolher. Refaça todo o percurso, cerrando, uma a uma, portas e janelas.

Sente-se tranqüilamente diante da lareira acesa e se dê conta do silêncio interior. Feche seus olhos suavemente. Desfrute da paz que provém do seu interior, sintonizado com a harmonia do recolhimento.

B. Meditação

VI. MEDITAÇÕES TEMÁTICAS

"Olhe para dentro de si mesmo. Lembre-se: o Infinito está em toda parte. Mergulhando profundamente na superconsciência você pode acelerar sua mente através da eternidade; com o poder da mente você pode ir mais longe do que a mais distante estrela. O farol da mente está totalmente equipado para lançar seus raios superconscientes no mais íntimo coração da verdade. Use-o para fazê-lo."

— *Paramahansa Yogananda*

As *Meditações Temáticas* são, antes de tudo, exercícios de visualização e de percepção de símbolos. São um incentivo ao desenvolvimento e à expansão da consciência.

Ao projetar um símbolo na tela psíquica e ao contemplá-lo, você estará reintrojetando uma imagem que estimulará seu próprio Centro, ou Self. É este o processo envolvido na prática destes exercícios.

As *Meditações Temáticas* são portas que se abrem para nos ligar ao Self e à nossa Essência individualizada.

São "rituais" interiores que, criando um espaço interno sagrado, facilitam a emergência das "pérolas" da eternidade na concha da mente.

São a reverência à criação e à complexa simplicidade da forma, que possibilitará, mais tarde, a entrada no *Sem-Forma*

— na "vacuidade não-vazia", na integração com o universo além da manifestação.

O objetivo destes exercícios é sensibilizar a transcendência da identidade com o eu, dando início ao contato com a dimensão além do ego e da personalidade, isto é, à dimensão transpessoal da consciência.

A meditação emergente, como método de exploração do inconsciente e de contato com o próprio campo da consciência, representa a abertura para um momento do eterno, para a comunhão, para a união ("yoga"), para a reunião das partes cindidas, para a síntese e para o encontro com o Centro e a Totalidade.

Recomendações

As *Meditações Temáticas* devem ser praticadas *depois* dos *Exercícios Preliminares* que constam das seções I, II, III, IV e V. Estes, como já foi dito anteriormente, são essenciais, pois preparam o solo da mente para fazer brotar a função curativa dos temas destas meditações. É preciso arar o campo antes de plantar as sementes, que florescerão, certamente, sabendo que o cultivo depende de renovados cuidados, tempo e espera...

Observações Iniciais

Estes exercícios devem ser praticados na *postura básica de meditação*: posição sentada (no chão com as pernas cruzadas ou numa cadeira com pés no chão), coluna ereta, sem se encostar, olhos tranqüilamente cerrados, mãos descansando sobre as coxas com as palmas voltadas para cima, corpo relaxado, queixo paralelo ao solo.

Qualquer alteração da postura básica será explicitada nos exercícios.

CONSIDERAÇÕES

Pérolas são para contemplar em Essência. A Essência do Ser pode ser reconhecida e contemplada através delas.

Pérolas adornam e enfeitam a vida. Outorgam valor à vida, despertando o sentido do sublime.

As Pérolas do Eterno caem do céu e brotam na mente.

Para apreendê-las é preciso estar atento à própria vida: a seus temas – e dilemas.

Somente assim capta-se a riqueza que o instante – o eterno — proporciona ao transformar a vida comum em areia que roça a concha da mente e produz uma jóia de rara beleza.

Questões, inquietações, certezas e dúvidas transformam-se em areia, e esta em pérolas — é este o processo.

É um processo de transmutação.

Entregues e disponíveis à transmutação, os grãos de areia coligam-se com a qualidade transcendente que desce pela transformação.

E está feito o milagre do eterno: transforma-se o grão de areia em pérola.

Assim emergiram estas meditações e assim emergem as meditações que surgem como "Pérolas do Eterno" na mente de todos os que empreendem a busca da Essência e da Vida.

As meditações que aqui apresentamos têm o propósito de facilitar o "despertar" através da transformação da consciência aliada ao empenho em direção à transmutação.

Graças à própria condição humana de sentir o grão de areia na mente, podemos tomar a vida como oportunidade de crescer em consciência.

Lidar com suas questões ajuda na sua transformação em impulso criativo, como o da areia sobre a concha.

E é justamente essa areia o que motiva o surgimento da pérola!

Com isso abre-se o véu do Eterno e surge a pérola que o espelha e nos vincula à criação, à vida e à transcendência.

1. A Flauta

Depois do estado de tranqüilidade alcançado com os *Exercícios Preliminares*, sente-se na postura de meditação. Com os olhos fechados, visualize uma flauta doce de madeira, vazia, espaço oco.

Penetre nessa flauta, nesse espaço. Sinta-o, perceba-o.

Observe agora o sopro entrando na flauta oca. Ouça: a flauta começa a soar.

Vai-se modulando uma doce canção melódica e harmoniosa. Siga essa música, acompanhando o brotar de cada nota. Perceba a qualidade que daí emana.

Dê-se conta de que você é o flautista, a melodia, a flauta e o Sopro Divino.

Permaneça em silêncio por alguns minutos.

2. A Taça

Depois de fazer os *Exercícios Preliminares*, sente-se com os olhos fechados em postura de meditação.

Visualize em sua tela mental uma taça. Observe bem como ela surge para você: de que é feita, sua cor, seu formato, seu tamanho, o som que ela emite quando você tamborila com seus dedos delicadamente sobre ela.

Passeie por seus contornos, subindo e descendo, pelo lado de fora e por dentro. Se ela estiver cheia, esvazie-a. Observe o vazio desta taça e ao mesmo tempo o espaço preenchido pelo ar!

Encha agora a sua taça com água pura e cristalina — bem devagar, até a borda.

Note que a quantidade de líquido que a taça comporta é exatamente aquela que você verteu nela. Mais uma gota e ela transbordará. Não deixe que esse líquido precioso se perca! Essa é a medida.

Sem perder uma gota, beba essa água curativa, sorvendo-a lentamente. Sinta seus efeitos benéficos de purificação.

Permaneça nesse estado por alguns minutos.

3. *O Cálice*

Sente-se na postura de meditação, depois de ter praticado os *Exercícios Preliminares*.

Visualize em sua tela psíquica um cálice de cristal.

Preencha-o com água pura e fresca até a borda.

Observe que, aos poucos, a taça começa a crescer, tornando, ao final, a quantidade de água, que antes a preenchia totalmente, diminuta!

Dê-se conta do que isso significa: há mais espaço para a água curativa.

Verta, então, mais água no cálice, para que esta chegue até a borda, novamente.

Desfrute da plenitude que a taça cheia o inspira.

Beba de sua água, mergulhe nesse cálice, purificando-se pelo simples contato com seu frescor e brilho.

Fique em silêncio, e sinta que foi o cálice da sua percepção consciente que se alargou, proporcionando a você mais realização e conhecimento.

4. *O Graal*

Depois de ter praticado os *Exercícios Preliminares*, sente-se na postura de meditação e feche os olhos.

Visualize-se sendo o Graal: imagine-se como uma taça sagrada cuja base aberta apóia-se firmemente sobre um altar, e cujas bordas amplas se abrem para conter o néctar da vida.

Observe como você está receptivo ao amor e à sabedoria.

Observe agora a cor do seu Graal, seus desenhos e inscrições.

Fique assim, nesse estado receptivo e responsável, por alguns instantes.

Posicione os braços acima da cabeça, como se estes formassem o bojo da taça. Sinta que sua capacidade receptiva se amplia. Devagar desça os braços e junte as palmas das mãos na altura do coração, baixando-as com os dedos apontados para cima até o umbigo. Posicione agora as pontas dos dedos para baixo, e vá afastando as mãos, delineando o desenho da base do Graal.

Finalmente, descanse as mãos sobre as coxas, palmas voltadas para cima.

Mantenha a sensação da forma do Graal no seu corpo, traçada ao realizar estes movimentos, procurando conservar a ampliação da consciência.

Perceba que você é um receptáculo da energia que pode ser colocada à disposição para preencher outros receptáculos humanos, num ato de doação.

5. *O Sol Interno*

Depois dos *Exercícios Preliminares*, sente-se na postura de meditação.

Conecte-se com a região central do seu peito, o chakra do coração, colocando sua atenção aí.

Visualize nesse ponto um sol pequenino, que aquece e ilumina o seu ser.

Respire profundamente, e perceba que, a cada inspiração e expiração, os raios desse sol se expandem, tornando-se mais fortes, mais brilhantes, mais extensos, prolongando-se para além dos limites do seu corpo.

Note como esse sol resplandecente tomou conta do seu ser, que agora vibra na alegria.

Expanda seus raios de amor, expressando ao mundo o seu sentimento de gratidão por estar tão vivo e tão conectado com o Sol Central, fonte de toda Luz.

Abençoe com seus raios curativos todos os seres e todos os ambientes por onde você passe.

6. O Corpo do Universo

Depois de ter praticado os *Exercícios Preliminares*, sente-se na postura de meditação.

Feche os olhos e tome consciência do seu corpo. Respire profundamente e vá ampliando gradativamente a extensão do seu corpo. Imagine que, a cada inspiração, você inclui ambientes cada vez maiores, tornando-os parte do seu corpo: a sala onde você se encontra; sua casa; o quarteirão em que você mora; o bairro, a cidade; o estado; o país; o continente; o globo terrestre; o globo terrestre e a lua; o sistema solar; nossa galáxia, a Via Láctea; outras galáxias; o universo, até onde sua mente pode alcançar...

Dissolva-se no corpo do universo do qual você é uma partícula que contém o potencial de toda a criação.

Agradeça reverentemente à Criação e ao Criador que orquestra o movimento do universo. Sinta a sua união com o Cosmos Infinito.

Depois de alguns minutos nesse estado de expansão da consciência, respire profundamente e mexa delicadamente as extremidades do seu corpo, voltando sua consciência para o ambiente exterior, reconhecendo, desta vez, a magnitude de que tudo é feito.

7. *A Dança da Energia*

Sente-se na postura de meditação, *depois dos Exercícios Preliminares.*

Com os olhos cerrados, concentre-se em você mesmo, tomando consciência do corpo que você é.

Perceba o fluxo de sangue dentro de você, os movimentos peristálticos, as informações que chegam através dos seus nervos.

Concentre-se numa célula dessa imensidão que você é, e diminua-se até esse tamanho. Torne-se essa célula.

Perceba o fluxo de substâncias dentro dessa célula e sua comunicação com o ambiente a seu redor.

Diminua sua identidade, adentrando uma molécula da substância que percorre a célula. Torne-se a molécula dessa substância e perceba nela o movimento. Adentre um átomo dessa molécula e adquira a sua consciência. Observe o movimento rapidíssimo que ele executa.

Note as partículas subatômicas. Perceba o refinamento que está contido na sua microorganização, o surgir e o desaparecer destas micropossibilidades.

Mantendo essa percepção do infinito microcósmico, vá voltando à consciência do corpo, enquanto energia subatômica. Visualize-se como partículas e como ondas de partículas. Experimente o contato com a energia.

Expanda agora essa consciência da energia, visualizando seres, objetos, paisagens, planetas, estrelas e galáxias organizados desta mesma forma: energia inseparável e interligada.

Observe o movimento e a velocidade das partículas-ondas subatômicas e regozije-se com sua luz.

Aos poucos, intensifique a respiração, retomando o contato com a realidade tridimensional.

Mexa devagar as extremidades do corpo — pés, mãos, pescoço — e abra os olhos.

8. O Banho de Luz

Sente-se na postura de meditação, depois de ter praticado os *Exercícios Preliminares*.

Com os olhos fechados, visualize em sua tela psíquica um campo verdejante, pelo qual você está caminhando.

Observe o capim, as flores, o calor morno do ar. Olhe para o azul do céu e sinta-se acolhido nesse lugar.

Caminhe em direção a uma linda cascata que você vislumbra ao longe.

Ouça o som da queda d'água. Aproxime-se.

Você resolve banhar-se nessas águas cristalinas.

Receba o frescor que a água que cai sobre você lhe proporciona, lavando seu rosto, limpando seu corpo, fazendo com que você se sinta novo.

Em meio a esse banho refrescante você descobre que a cascata revela um jogo de luzes, como se fosse uma fonte luminosa.

Sua água se torna de uma cor vermelha luminosa, viva. Continue a banhar-se nessa cascata mágica e receba a vibração do vermelho cristalino, permitindo que ela ressoe dentro de você.

A água passa, então, à cor laranja viva e translúcida. Deixe que o laranja vibre em você. Desfrute da magia que é banhar-se numa cascata laranja!

Nova mudança surge, então: a água se torna amarela e brilhante. Deixe que a vibração do amarelo ressoe também em você.

E, novamente, a água muda de cor, elevando-se ao verde cristalino. Encontre-se com o frescor dessa vibração. Deixe que o poder curativo do verde desperte em você esta qualidade vibratória.

Uma transformação ocorre em seguida: a água torna-se cor-de-rosa! Envolva-se na vibração rósea do amor que essa água curativa contém. Desfrute dessa qualidade amorosa.

As águas passam, então, a um sutil azul-celeste. Banhe-se nessa delicada vibração cristalina. Deixe que a luz azul da água penetre em suas células fazendo uma limpeza curativa.

Tudo muda novamente: as águas se tornam de um azul- índigo transparente magnífico. Observe como a vibração em você eleva sua consciência, à medida que a luz do azul banha suas células.

A água da cascata multicor passa ao violeta. A transparência do violeta exerce mais uma sutil influência, que decorre do poder transformador da sua vibração. Desfrute dessa elevada qualidade enquanto se banha.

Nesse momento, a água torna-se branca e reluzente, e você se mantém sob sua influência purificadora.

Renovado, você encerra esse banho curativo e encontra roupas novas, alvas, à beira da cascata. Você as veste e senta-se em silêncio, numa atitude de meditação.

Permaneça assim por alguns minutos.

Depois, procurando conservar essa maravilhosa sensação de renovação, retorne ao seu ambiente, respirando profundamente, mexendo suavemente as extremidades do corpo e abrindo, por fim, os olhos.

9. O Ostensório Vivo

1ª Etapa

Depois da prática dos *Exercícios Preliminares*, sente-se na postura de meditação. Feche os olhos.

Visualize uma luz branca e cintilante no centro do seu peito. A cada inspiração e expiração, expanda essa luz na forma de raios que nascem no seu coração, configurando uma linda estrela. Estenda esses raios para além dos limites do seu corpo.

Permaneça assim, desfrutando desse estado de consciência benigno e amoroso por alguns minutos.

Faça algumas respirações e volte ao ambiente em que você se encontra, conservando os benefícios da experiência.

2ª Etapa

Depois de ter se transformado num "Ostensório Vivo" (1ª Etapa), procure ver em sua tela mental essa mesma luz nas pessoas, trazendo quem você achar necessário para dentro dela. Mantenha-se e mantenha-as nesse estado por alguns minutos.

Faça algumas respirações e retorne ao ambiente, procurando conservar os benefícios do contato com sua natureza crística.

10. A Onda e o Mar

Depois dos *Exercícios Preliminares*, feche os olhos e mantenha-se em quietude, na posição de meditação.

Visualize-se numa praia, de frente para o oceano. Sente-se na areia fofa e, calmamente, fique a observar o movimento das ondas no mar: sua formação e dissolução. Reflita sobre o que são as ondas como elementos separados do mar, e em que se tornam quando se dissolvem no mar.

Caminhe em direção ao mar para se banhar. Sinta de perto o movimento das ondas formando-se e dissolvendo-se. Permaneça dentro deste movimento. Mergulhe no significado das individualidades humanas formando-se e dissolvendo-se ininterruptamente no Oceano Cósmico. Sinta-se um e muitos.

Depois de alguns minutos, volte ao ambiente em que você se encontra, respirando mais profundamente e movimentando-se suavemente.

11. A Árvore

Depois dos *Exercícios Preliminares*, coloque-se de pé, com os olhos abertos.

Sinta o contato da sola dos pés bem plantada sobre o solo. Imagine que seus artelhos criam raízes, que fazem com que você se firme melhor no chão.

Perceba seu corpo como a continuidade natural de uma árvore, como um tronco sólido de árvore, por onde correm os nutrientes extraídos da terra e transmutados em seiva vital.

Observe seus braços e eleve-os lenta e suavemente, mantendo-os acima da cabeça como galhos abertos doadores da sombra generosa de uma frondosa copa de folhas vívidas.

Permaneça assim, absorvendo o sentido interno do símbolo da árvore por alguns instantes.

Devagar, desça os braços e faça movimentos com as extremidades do corpo, voltando à condição inicial.

12. As Árvores e o Vento

Depois dos *Exercícios Preliminares*, sente-se com os olhos fechados na postura de meditação.

Visualize-se no alto de uma montanha.

Desse lugar você observa uma floresta de araucárias.

Venta bastante. O vento balança insistentemente as copas das árvores para lá e para cá. Perceba o movimento do conjunto, que parece formar ondas de folhas e galhos, flexibilizando-se para resistir à força do vento.

Reflita sobre essa imagem e deixe que seu significado penetre em sua própria forma de resistir às dificuldades com flexibilidade. Lembre-se de que, passado o vento, as árvores voltam a sua natural maneira de estar...

Faça relações com situações da sua vida em que você pode se comportar como estas araucárias... e com aquelas em que você não pode...

Volte ao seu ambiente, depois de algumas respirações.

13. A Chama Interior

Faça os *Exercícios Preliminares.* Sente-se tranqüilo com os olhos fechados, na postura de meditação.

Visualize uma pequena chama branca no centro do seu peito.

A cada inspiração, deixe que ela se torne mais vívida e maior. Sinta que o amor flui dessa chama brilhante.

Expanda essa chama branca até que ela penetre todas as suas células, fazendo com que nelas vibre o amor e reine a saúde plena.

Permaneça desfrutando desses benefícios por alguns minutos e retorne ao ambiente, abrindo os olhos e respirando normalmente.

14. O Coração

Depois dos *Exercícios Preliminares*, coloque-se na postura de meditação.

Faça algumas respirações profundas.

Feche os olhos.

Coloque as duas mãos sobre o centro do peito. Pacifique o seu coração.

Perceba o pulsar do coração com suas mãos. Fique assim, em contato com a força vital que emana desse local. Procure captar seus sinais e a qualidade da vibração que se irradia desse ponto. Conecte-se com o sentimento de amor que começa a se expandir. Sinta o calor nas suas mãos e no peito, permitindo que ele se estenda a todas as partes do seu corpo e ao seu redor.

Internamente, agradeça a oportunidade de contactar com a sua própria fonte de amor profundo.

15. A Estrela Polar

Depois de ter praticado os *Exercícios Preliminares* e pacificado sua mente e seu coração, feche os olhos, sentado na postura de meditação.

Visualize em sua tela psíquica o céu noturno azulado salpicado de estrelas.

Observe as estrelas piscando, e procure pela Estrela Polar, a mais brilhante, no seu firmamento interior. Perceba seu brilho intenso e preciso.

Contemple sua Estrela Polar e deixe o brilho dela acender-se dentro de você.

Reverencie a Estrela Polar e agradeça-a por refletir-se tão magnificamente em seu cenário.

Permaneça em contemplação por alguns instantes ainda e, depois, em seu próprio tempo, retorne ao ambiente, respirando profundamente e abrindo os olhos.

16. O Caminho no Mar

Depois dos *Exercícios Preliminares*, sente-se de olhos fechados em postura de meditação.

É noite. Veja-se em sua tela psíquica frente ao mar. Há nele um rastro de claridade, um caminho prateado, delineado pelo reflexo da lua cheia em sua superfície.

Caminhe com o olhar sobre a faixa brilhante que se estende sobre a água do mar e alcance a luz da lua. Contemple a lua. Conecte-se com sua luminosidade límpida, fria e refrescante. Deixe que essa luz penetre sua mente e seu corpo, pacificando-os, renovando-os.

Permaneça em silêncio, absorvendo a vibração dessa imagem.

Depois, quando desejar, volte ao ambiente, respirando profundamente e abrindo os olhos.

17. Os Fios que Sustentam a Vida

Depois dos *Exercícios Preliminares*, fique de pé com os pés ligeiramente afastados (na distância proporcional à largura dos ombros) e bem conectados com o chão, com a coluna ereta e os braços soltos ao lado do corpo.

Faça algumas respirações profundas. Visualize um fio dourado que sai do seu umbigo, desce até o solo, penetrando o chão e atravessando todas as camadas da Terra, até chegar ao centro incandescente do planeta. Percorra esse cordão dourado, agora no sentido inverso, voltando do centro da Terra até chegar ao ponto inicial no umbigo.

Visualize agora um cordão prateado que sai do centro do seu cérebro e atravessa a atmosfera, o espaço, o Sistema Solar e ancora-se no centro da galáxia. Retome novamente o caminho inverso, percorrendo o espaço em direção ao Sistema Solar, chegando à atmosfera terrestre e ancorando no centro do seu cérebro.

Visualize o cordão prateado penetrando sua cabeça, descendo pelo pescoço, e ancorando-se no centro do seu peito, onde encontra o fio dourado, que penetrou também pelo centro do corpo, alojando-se aí.

Observe as duas forças, os fios que sustentam a vida, unirem-se no seu coração e reafirmarem-se mutuamente.

Fique em silêncio por alguns minutos e volte ao ambiente, realizando movimentos suaves com o corpo e respirações profundas.

18. O Cristal

Depois de fazer os *Exercícios Preliminares*, sente-se com os olhos fechados na postura de meditação.

Visualize na sua tela psíquica um cristal de quartzo branco bem límpido. (Se você tem um cristal deste tipo, poderá usá-lo nesta experiência, observando-o diretamente, antes de passar para o exercício de visualização propriamente dito.)

Observe todos os seus aspectos: sua forma, seus ângulos, o tamanho de suas faces, sua base, a ponta, os desenhos dentro da pedra, a cor, o brilho, o peso, a textura, a temperatura, etc.

Permaneça fazendo essa observação por algum tempo. (Se você optou por fazer a experiência com o cristal diretamente, feche os olhos agora, iniciando a visualização.)

Imagine então que esse cristal cresce e torna-se grande, de modo que você pode adentrar nele. Mentalmente, visualize-se penetrando por uma de suas faces e explorando-o por dentro.

Depois de conhecer bem esse cristal, coloque-se de pé (mentalmente) no seu centro, procurando sentir o eixo do cristal. Alinhe-se com a perfeição geométrica expressa a partir desse padrão.

Procure perceber a luz dentro do cristal intensificando-se. Deixe-se banhar nessa luz cristalina energizante por alguns minutos.

Depois dirija-se à face por onde você entrou, despedindo-se agradecido à força do cristal.

Visualize o cristal diminuindo e voltando ao tamanho normal do início do exercício.

Tome-o na mão e guarde-o em lugar protegido, sabendo que quando for necessário você poderá repetir este exercício para se sentir energizado.

Faça algumas respirações profundas e pequenos movimentos com as mãos, com os pés e com o pescoço, balançando levemente a cabeça. Abra os olhos e retorne ao ambiente.

19. A Flor

Faça os *Exercícios Preliminares* e sente-se tranqüilo na postura de meditação com os olhos fechados.

Respire profundamente, mantendo o corpo e a mente em paz.

Visualize no centro do seu peito um pequeno botão de rosa. A cada inspiração o botão desenvolve-se um pouco, até tornar-se uma linda rosa aberta em seu peito.

Observe a sua rosa e reconheça suas qualidades. Sinta o doce perfume que ela começa a exalar, espalhando-se por todo o ambiente. Perceba como esse perfume transforma o ambiente num lugar que inspira ao amor, à amizade, à fraternidade, à solidariedade, à compaixão — às mesmas qualidades em você que permitiram o desenvolvimento da flor.

Permaneça contemplando essa flor que nasce do seu próprio ser por alguns minutos.

Depois, em seu próprio tempo, respire profundamente e abra seus olhos, voltando ao ambiente e procurando conservar esse estado amoroso de tranqüilidade que o símbolo da rosa despertou na sua consciência.

20. Oração do Incenso

Depois dos *Exercícios Preliminares*, providencie uma vareta de incenso e acenda-o, colocando-o num recipiente apropriado. Se preferir, faça o exercício mentalmente: sente-se na postura de meditação e visualize o incenso e o ato de acendê-lo.

Observe a fumaça que sai do incenso (concreta ou mentalmente), sua direção, sua intensidade, sua oscilação, seu perfume. Feche os olhos (concreta ou mentalmente) e aprofunde-se dentro do seu coração.

Tente perscrutar suas mais elevadas aspirações de crescimento em consciência. Coloque no seu coração o mais puro sentimento de devoção pelo Sagrado, o Sagrado refletido no seu Self Transpessoal.

Acolha essas aspirações em seu peito e transfira-as para a fumaça do incenso, que neste momento tem a função de levá-las consigo, elevando-as ao reino da realização daquilo que é justo e verdadeiro. Observe que seus desejos sagrados estão entregues e confiados ao mais Elevado.

Coloque as mãos com as palmas unidas na altura do peito e agradeça a oportunidade nesta forma de oração, reafirmando sua devoção e confiança através desta afirmação: "Eu me consagro à Vontade Divina, e sintonizo o meu desejo com o Seu desejo."

Permaneça em silêncio por alguns minutos, voltando ao ambiente quando você quiser.

21. O Anjo do Cristal

Coloque-se na posição sentada com os olhos fechados, coluna ereta e corpo relaxado, conforme descrito na postura de meditação, depois de ter feito os *Exercícios Preliminares*.

Visualize na sua tela mental um cristal de quartzo. (Aqui você poderá usar inicialmente o estímulo concreto do cristal, se você possuir um, como foi feito no exercício nº 18.) Observe-o em todos os seus aspectos: forma, textura, transparência, peso, temperatura, etc.

(Feche os olhos neste momento, se você estiver observando concretamente um cristal.)

Visualize-se diante do cristal. Você está agora diminuindo de tamanho, de modo a poder "entrar" no cristal. Já bem pequeno, você se aproxima da porta do cristal. Entre no cristal e perceba a atmosfera dentro dele.

Internamente, você sabe que vai se encontrar com o Anjo que habita esse cristal. Prepare seu coração e sua mente, colocando-os em serenidade para receber a influência desse Ser de Luz.

Aproxime-se devagar do recinto onde o Anjo do Cristal se encontra. Entre e faça uma saudação reverente. Receba os raios de puro amor e sabedoria que emanam de seu corpo de luz.

Neste momento, o Anjo se aproxima de você e o toca cuidadosamente na testa e no coração.

Receba suas bênçãos.

Depois desse contato, retire-se devagar do salão do Anjo e sente-se no recinto ao lado em silêncio por alguns minutos.

Retire-se finalmente, dirigindo-se para a porta do cristal. Saia e comece a voltar a sua estatura normal a cada inspiração.

Mexa com as extremidades do corpo e abra os olhos, contactando com o ambiente, quando você estiver pronto.

22. O Anjo da Árvore

Depois de ter praticado os *Exercícios Preliminares*, sente-se em posição de meditação com os olhos fechados.

Visualize na sua tela mental uma árvore. Observe-a com cuidado, percebendo seus detalhes delicados e seus traços fortes e bem definidos.

Aproxime-se, caminhando na sua direção. Fique sob sua copa por alguns momentos. Abrace seu tronco com amor e, depois, sente-se, apoiando as costas no tronco.

Sinta uma presença silenciosa e protetora que se irradia do alto de sua copa: é o Anjo da Árvore — aquele que zela por seu crescimento, saúde e beleza.

Sintonize-se, a partir do seu coração, com esse ser angélico, permitindo que ele também acolha você sob sua proteção.

Permaneça assim por alguns minutos, desfrutando da mais perfeita harmonia com a natureza.

Faça algumas respirações profundas para voltar ao seu ambiente.

23. Banhos de Luz no Cristal

Depois de ter praticado os *Exercícios Preliminares*, sente-se na postura de meditação.

Visualize-se dentro de um imenso cristal de quartzo branco transparente.

Coloque-se bem no centro dele, em seu eixo de força.

Imagine que sobre você é lançada a irradiação multicor do arco-íris.

Visualize todas as cores suaves penetrando as camadas do seu ser.

Tente perceber as qualidades diferentes emanadas de cada cor que circula ao seu redor e dentro de você.

Permaneça desfrutando da influência benéfica deste banho de luz e transparência.

Depois de alguns momentos, revitalizado, apague em sua mente as cores e o cristal, conservando apenas o brilho intenso da clara luz do cristal.

Permaneça nessa luz magnífica por alguns minutos.

Com algumas respirações, volte ao ambiente, abrindo os olhos e movimentando-se com delicadeza, procurando manter o brilho da luz desperto em você.

24. A Montanha

Sente-se na postura de meditação com os olhos fechados depois de praticar seus *Exercícios Preliminares.*

Visualize em sua tela psíquica uma montanha ao longe.

Veja bem seus contornos, sua altura, sua conformação.

A montanha o atrai e você começa a caminhar em direção a ela.

Encontrando-se ao pé da montanha, você decide subir por ela.

Seu objetivo é percorrer o caminho que leva ao topo dessa montanha. Há uma trilha tenuemente traçada, que você começa a percorrer.

Ao subir, você vai admirando o caminho, a beleza que se descortina na escalada, compondo um cenário sem igual.

De quando em quando você pára, senta e descansa, olhando para baixo e apreciando a paisagem vista de cada patamar alcançado.

Finalmente, você chega ao topo. Aí você se senta e se firma.

Olhe em torno e contemple a vista magnífica.

Sinta a solidez do apoio da montanha na planície.

Perceba a amplidão da base inabalável da montanha.

Perceba a sua altura quando você se encontra no topo.

Olhe para cima e vislumbre o céu azul, aberto sobre você. Abra os braços acima da cabeça e sinta a sua base bem apoiada na montanha.

Visualize-se como uma montanha: com a segurança dada pela solidez da base e com a abertura concedida pela altura que lhe é própria.

Fique por alguns minutos unificado com a montanha, deixando que ela desperte em você sua qualidade essencial.

Retorne ao ambiente, movendo pés, mãos e cabeça, respirando profundamente.

25. *O Céu*

Depois dos *Exercícios Preliminares*, sente-se para meditar.

Inspire e expire profundamente pelas narinas.

Visualize-se sentado ao ar livre sob o céu azul.

Contemple o azul e a imensidão.

Conscientemente, inspire o azul do céu, sorvendo-o, trazendo-o para dentro de você, preenchendo seus pulmões com energia vital.

Expire o azul, devolvendo-o como uma qualidade que exala do seu ser.

Note que o céu azul está *vivo* dentro de você.

Reflita: onde está o dentro, se o que está dentro está fora também?

Unifique-se com a transformação inspiradora de paz que o azul veicula.

Visualize-se como o próprio céu azul.

Você é o céu.

Depois de alguns minutos, em seu próprio tempo, retorne ao ambiente abrindo os olhos e respirando normalmente.

26. *O Rio*

Depois dos *Exercícios Preliminares*, sente-se na postura de meditação.

Mantenha sua mente tranqüila, respirando profundamente.

Crie em sua tela mental o cenário onde você se encontra agora: um bosque verdejante.

Passeie por esse bosque, onde não existe nenhum perigo. Ouça o canto dos pássaros e perceba ao fundo o som musical das águas de um riacho.

Caminhe em direção ao riacho e tire os sapatos para molhar os pés.

Sinta a sensação refrescante da água límpida banhando seus pés e tornozelos.

Você resolve caminhar pelo riacho e nota que aos poucos ele vai se alargando, transformando-se num rio.

Sua água é clara e cristalina.

Você decide, então, banhar-se de corpo inteiro nessa água pura.

Sua sensação é a de estar sendo purificado por essas águas intocadas. Deixe que todas as impurezas se desprendam com o movimento suave da água corrente. Permita que sua mágoa, sua tristeza, sua raiva, sua indisposição, seu desânimo, tudo o que houver de negativo acumulado pelos anos seja transmutado em amor, alegria e saúde.

Dê as boas-vindas à sensação agradável de limpeza e ao sentimento de positividade dentro de você.

Entregue-se à natureza, abrindo-se aos benefícios que ela lhe aporta.

Seja feliz.

Quando tiver terminado o banho, saia do rio, sentindo-se renovado.

Sente-se à beira do rio e contemple-o por alguns instantes.

Agradeça a oportunidade de desfrutar dos benefícios desse rio que habita agora dentro de seu ser.

Respire profundamente, retomando o contato com o ambiente, e abra os olhos, quando você estiver pronto.

27. Meditação do Pôr-do-Sol

Sente-se na postura de meditação depois dos *Exercícios Preliminares.*

Crie em sua mente o cenário magnífico do pôr-do-sol.

O céu está tingido de ouro e rosa.

No horizonte o sol vai-se deitando dourado e radiante.

Sente-se e contemple a beleza desse espetáculo.

Olhe para o sol poente e receba o bálsamo transformador de seus raios cálidos.

Feche os olhos e capte no seu coração o calor morno desse sol dourado da confiança. Interiorize esse sol poente e deixe que ele ilumine com sua luz dourada todo o seu corpo, impregnando a atmosfera em torno de você, como o faz no céu, com a tonalidade aurirrósea.

Permaneça testemunhando essa transformação em você por alguns minutos.

Depois, em seu próprio tempo, respire profundamente para contactar com o ambiente em torno de você, e abra os olhos, movimentando calmamente mãos, pés e cabeça.

28. Meditação da Alvorada

Sente-se em paz na postura de meditação, depois de haver praticado os *Exercícios Preliminares.* Feche os olhos. Respire profundamente.

Imagine em sua tela psíquica que você está mergulhado na escuridão da noite.

Paulatinamente a claridade começa a emergir no horizonte, e o céu vai se tornando azulado.

Toda a abóbada celeste começa a ser envolvida nessa luz azulácea.

Devagar, o sol desponta no horizonte, clareando timidamente as coisas ao redor.

O frescor da manhã é realçado com a vitalidade que dele emana.

Seus raios puros e alvos dominam finalmente a paisagem que desperta, imprimindo vida e movimento.

Coloque as mãos com as palmas voltadas para fora para receber a força solar. Deixe que os raios benéficos e revitalizantes penetrem em você através das suas mãos, renovando a esperança e a confiança na ordem do Universo.

Permaneça em silêncio dentro desse cenário por alguns minutos.

Depois, em seu próprio tempo, volte ao seu ambiente, respirando normalmente, movimentando as mãos, os pés e a cabeça, abrindo os olhos quando quiser.

29. União do Sol e da Lua

Depois dos *Exercícios Preliminares*, sente-se na postura de meditação com a coluna ereta, corpo relaxado e os olhos fechados.

Em seu espaço interior, visualize o sol brilhando no firmamento.

Do outro lado a lua branca timidamente se insinua no final da tarde.

Observe os dois astros com sua percepção intuitiva, e procure compreender a força que se irradia de um e de outro.

Sinta as qualidades opostas que os dois corpos celestes possuem e que, na verdade, são complementares, como faces de uma mesma moeda.

Note como é possível a harmonia na presença dos opostos, e também como não seria provável a existência de um elemento sem o outro.

Procure a síntese dos contrastes aproximando os dois astros em seu cenário, síntese que pode ser alcançada mantendo-se a distância necessária entre os dois corpos, para que as qualidades de um não ofusquem as qualidades do outro.

Busque dentro de você essas qualidades opostas e complementares. Veja-as como reflexos do sol e da lua, como o yang e o yin inseparáveis no Tao. Procure a síntese: nem um nem outro, mas o quê...

Permaneça por alguns instantes em silêncio. Depois retome o contato com o ambiente, respirando profundamente, e abrindo os olhos.

30. A Estrela

Depois dos *Exercícios Preliminares*, sente-se tranqüilo na postura de meditação, com os olhos fechados, mantendo a coluna ereta, o corpo relaxado e a mente atenta.

Visualize na sua tela psíquica um triângulo eqüilátero. Observe sua base, suas faces e o vértice apontando para o alto.

Olhe para o alto e vislumbre um outro triângulo eqüilátero invertido, cuja base encontra-se em cima e cujo vértice aponta para baixo.

Um está alinhado com o outro, como se fossem reflexos num espelho.

Inicie um movimento de aproximação entre os dois triângulos, de modo que eles se sobreponham, formando uma estrela de seis pontas.

Contemple essa estrela na sua forma perfeita, no seu equilíbrio e estabilidade.

Comungue da união do céu e da terra simbolizada nessa imagem.

Aproxime-se dessa estrela e sente-se dentro dela.

Tente perceber a fusão de forças que a compõem.

Fique em silêncio e receptivo por alguns instantes nesse centro.

Depois, retome o controle com sua respiração, com seu corpo, movimentando os pés e as mãos, e abra os olhos, retornando ao ambiente.

31. A Cruz

Depois dos *Exercícios Preliminares*, fique de pé, com as pernas afastadas na distância dos ombros, braços paralelos ao corpo.

Feche os olhos.

Visualize um ponto de luz no centro do seu peito.

Trace uma linha vertical luminosa a partir desse ponto, passando por dentro do seu corpo e indo além dele na direção da terra e do céu.

Volte sua consciência para o ponto no centro do peito. Eleve os braços lateralmente até a horizontal. Estenda o ponto de luz nas duas direções, horizontalmente, passando pelos seus braços abertos, indo além do limite das suas mãos.

Mantenha-se nessa posição, sustentando as duas linhas luminosas, que se cruzam na altura do chakra cardíaco, no centro do peito.

Reafirme sua dupla natureza, humana e divina, horizontal e espaço-temporal, e, ao mesmo tempo, vertical e eterna.

Religue-se com seu ponto central, que é a síntese da dupla origem do seu Ser.

Fique em silêncio e deixe que a verticalidade do seu Ser se expresse na sua horizontalidade.

Depois de alguns minutos, abra os olhos, fazendo contato com o ambiente em que você está, conservando a consciência dessas duas linhas que configuram a cruz da vida e da encarnação.

Respire profundamente, relaxe os braços e movimente suavemente mãos, pés, braços e pernas.

32. *O Quartzo Rosa*

Neste exercício você poderá usar um cristal de quartzo rosa para fazer a observação inicial, antes da visualização.

Sente-se na postura de meditação, depois dos *Exercícios Preliminares*.

Tome seu cristal de quartzo rosa nas mãos ou coloque-o a sua frente.

Se não dispõe de uma pedra como essa, simplesmente visualize um lindo quartzo rosa em sua tela mental.

Observe sua forma, sua cor, sua textura... Penetre na suavidade de sua cor. Deslize pelo brilho de suas faces.

Deixe que a qualidade essencial da pedra rosa ressoe no seu ser.

Desperte sua consciência, deixando-se envolver na amorosa vibração do rosa.

Sinta-se unificado com a qualidade que a natureza empresta à rósea coloração do quartzo.

Em silêncio, desfrute por alguns momentos do preenchimento interior que essa tonalidade inspira.

Depois retome o contato com a respiração e com o ambiente abrindo os olhos e movimentando-se delicadamente.

33. *O Campo de Trigo*

Sente-se na postura de meditação depois dos *Exercícios Preliminares*.

Visualize em sua tela psíquica um lindo campo de trigo. Observe o dourado do trigo ao sol. Veja como a brisa corta o trigal, ondulando harmoniosamente a superfície.

Transporte essa imagem para dentro da sua existência. Lembre-se de que por vezes a importância do pequeno eu se perde diante da realidade do agrupamento harmônico. Tal como a vida, o campo de trigo é um todo, uma sinergia.

Sintonize-se com essa qualidade que a paisagem inspira. Diminua a dimensão de seus conflitos pessoais e entregue-se à rede que sustenta a ordem e o equilíbrio.

Reafirme a sua confiança.

Silencie a mente e alinhe-se com a necessidade da entrega.

34. OM

"Om", em sânscrito, é a palavra sagrada que se refere à vibração cósmica que sustenta todo o Universo, toda a manifestação.

Pronunciando "Om" com devoção, entramos na ressonância de sua vibração divina, que está presente na criação, da qual somos parte.

Depois dos *Exercícios Preliminares*, sente-se em postura de meditação e mantenha a mente e o coração tranqüilos.

Mentalmente, cante "Om", devagar e pausadamente.

Ao fazê-lo, visualize a vibração de "Om" em torno de você, como os círculos concêntricos que se expandem na superfície do lago quando atiramos uma pedra.

Coloque-se dentro desses círculos que nascem do seu próprio centro, no coração.

Deixe que as ondas melodiosas do som de "Om" penetrem em todo o seu ser — físico, emocional, mental e espiritual —, nutrindo-o e transformando-o.

Visualize essas ondas expandindo-se para além dos limites do seu corpo físico, ampliando-as gradualmente até abarcar todo o Universo.

Fique em silêncio e desfrute dessa paz por alguns minutos.

Em seu próprio tempo, respire profundamente para voltar ao ambiente em que você se encontra, abrindo os olhos e movimentando-se suavemente.

35. A Aura Verde-Rosa

Depois de ter praticado os *Exercícios Preliminares*, sente-se na postura de meditação.

Com os olhos fechados, mergulhe no seu coração.

Faça nascer no centro do seu ser uma luz verde de cura. Amplie o alcance dessa luz, de modo que ela se propague para todas as células do seu corpo.

Imagine que essa luz se expande, formando uma aura verde em torno de você.

Respire o verde dessa atmosfera dentro da forma sutil oval em que você se situa, e deixe que tudo ao seu redor se impregne dessa força renovadora.

Mentalmente, mude o matiz, indo do verde ao rosa a partir do seu coração.

Torne cor-de-rosa a aura ao seu redor e desfrute do bálsamo curativo do amor que se instalou dentro de você.

Deixe que o rosa impregne também todo o ambiente onde você se encontra.

Nesse momento, coloque em sua tela psíquica as pessoas para quem você gostaria de enviar vibrações de amor, envolvendo-as no rosa, sempre a partir do sentimento que brota no seu coração.

Permaneça em silêncio nesse banho de luz por alguns minutos.

Quando achar suficiente, volte ao seu ambiente, respirando profundamente, abrindo os olhos e movimentando-se com suavidade.

Observação:

Se quiser ou julgar necessário, em algumas ocasiões experimente permanecer na visualização do verde ou do rosa apenas.

36. A Aura Branca

Depois dos *Exercícios Preliminares*, sente-se com os olhos fechados na postura de meditação.

Imagine que em torno de você há uma forma oval muito tênue e sutil.

Dentro desses limites externos que você criou, visualize uma luminosidade muito branca e brilhante, que começa a surgir desse espaço vazio.

Preencha esse ovo imaginário com o branco intenso. Permita que a luz penetre em você pelos seus poros e entre em todas as suas células, purificando-as.

Deixe que o branco limpe também suas esferas emocional e mental, tornando você mais leve.

Fique em contato com o branco, na síntese do espectro, em silêncio, respirando calmamente por alguns minutos.

Depois, em seu próprio tempo, respire profundamente para retomar o contato com o ambiente onde você se encontra.

Abra os olhos devagar e faça movimentos suaves com as mãos, os pés e o pescoço.

37. O Sol da Individualidade

Sente-se na postura de meditação depois dos *Exercícios Preliminares*. Com os olhos fechados, sinta o apoio firme da superfície em que você está sentado.

Visualize um ponto de luz acima de sua cabeça. Como uma pequena estrela, esse ponto permanece acima de você, irradiando o brilho de sua luz.

Sintonize-se com essa luz, tornando receptivos o seu coração e a sua mente.

Faça com que seu brilho se torne mais intenso a cada inspiração, até que você se veja totalmente iluminado por essa luz.

Perceba que esse sol reflete a sua própria individualidade, isto é, a nota única e a exclusividade do propósito da sua vida.

Receba a luminosidade desse Sol interior, aceitando a intenção contida nesse brilho.

Permaneça em silêncio, abrindo-se à sua luz.

Depois de alguns minutos, retome o contato com o seu ambiente através da consciência da respiração, e abra os olhos em seu próprio tempo.

38. A Luz Branca

Sente-se para meditar com os olhos fechados, depois dos *Exercícios Preliminares.*

Crie mentalmente em torno de você uma esfera de luz branca.

Respire essa luz, permitindo que o branco harmonize todos os aspectos do seu ser – físico, emocional, mental e espiritual –, dissolvendo qualquer vestígio de negatividade.

Quando sentir que alcançou um estado interno de purificação, irradie essa qualidade para as pessoas e as situações que julgue estarem necessitadas de receber esses benefícios.

Coloque-os mentalmente na luz branca e facilite a limpeza curativa das negatividades.

Retome o contato com a sua atmosfera luminosa, recolhendo-a no seu coração, conservando aí o brilho da luz branca.

Em seu próprio tempo, faça pequenos movimentos com as extremidades do seu corpo e abra os olhos, voltando ao seu ambiente.

39. *A Luz Dourada*

Depois dos *Exercícios Preliminares*, sente-se na postura de meditação.

Visualize em torno de você uma forma oval dourada. Uma luz dourada começa a preencher o espaço oco desse ovo, e brilha intensamente. Suas gotículas douradas, como uma chuva muito fina e sutil, começam a cair sobre você, penetrando em cada célula do seu corpo.

Permaneça em silêncio, reverentemente em contato com a luz dourada que flui dentro e em torno de você.

Sinta-se protegido e entregue à Vontade Divina.

Se quiser, inclua nessa luz curativa pessoas, situações e ambientes que estejam necessitando de ajuda.

Depois de alguns minutos, volte ao seu ambiente, respirando profundamente e movimentando-se delicadamente. Abra os olhos.

40. *A Esfera Azul*

Depois de ter praticado os *Exercícios Preliminares*, sente-se na postura de meditação, com os olhos fechados.

Visualize em torno de você uma esfera azul transparente e brilhante como uma bolha de sabão.

Deixe que essa luminosidade suave reflita-se em seu corpo, fazendo com que você se sinta calmo e protegido.

Flutue dentro dessa esfera pelo céu.

Vislumbre do alto a cidade e seus arredores. Veja de novos ângulos os lugares conhecidos. Adquira outro ponto de vista... Passe pelas nuvens, pela chuva, pela neblina e pela fumaça das fábricas.

Finalmente, retorne com sua bolha azul para o lugar onde você está sentado.

Observe que nada penetrou na esfera protetora, e que o brilho de sua superfície continua intacto.

Dissolva mentalmente a esfera azul, conservando uma agradável sensação de limpeza e proteção.

Desfrute desse estado mental por alguns instantes e, depois, retome o contato com o seu ambiente, respirando profundamente, movimentando-se devagar e abrindo os olhos.

41. A Aura Azul-Branco-Ouro

Sente-se na postura de meditação depois dos *Exercícios Preliminares*.

Visualize em torno de você uma forma oval. Preencha-a com a luz azul-marinho. Procure sentir a profunda paz que ressoa dentro de você no contato com este azul intenso. Deixe que esta cor tinja cada célula do seu corpo e todo o campo dentro do ovo criado em torno de você.

Depois de alguns minutos, transforme o azul num branco brilhante. Procure notar a diferença da vibração. Apenas observe, e preencha todo o espaço com essa cor luminosa, deixando que ela impregne todo o seu ser. Desfrute dessa qualidade por alguns minutos.

Imagine agora que o branco se transforma em dourado. Mais uma vez, perceba a diferença entre as duas cores, e como o dourado ressoa em você. Deixe que o dourado tome conta de todo o seu ser e de todo o espaço contido nesse ovo delimitado mentalmente em torno de você.

Desfrute dessa qualidade de vibração por alguns minutos.

Em seu próprio tempo, volte ao contato com o ambiente em que você se encontra. Respire e movimente as mãos, os pés e a cabeça suavemente. Abra os olhos devagar.

42. A Fonte de Luz

Depois dos *Exercícios Preliminares*, sente-se na postura de meditação com os olhos fechados.

Visualize uma estrela brilhante e alva no seu coração. Coloque em sua tela psíquica as pessoas com quem você se relaciona. Procure reconhecer também nelas essa luz que brilha em seus corações.

Traga outras pessoas para a sua tela; pessoas desconhecidas, pessoas jamais vistas. Reconheça em cada uma essa luz brilhando – em cada coração.

Veja que toda a humanidade, todas as raças, em todos os continentes, têm dentro de si essa centelha luminosa.

Perceba a unidade das luzes individuais com a Fonte de Luz. Dirija-se, junto com toda a humanidade, para essa Grande Fonte, e abasteça-se aí.

Preencha as suas reservas, beba, comungue na Luz.

Depois, volte e sente-se voltado para a Fonte.

Fique em silêncio e agradeça profundamente.

Transcorridos alguns minutos, retorne ao seu ambiente, fazendo contato com a respiração e abrindo suavemente os olhos.

43. O Ponto de Luz

Sente-se na postura de meditação depois dos *Exercícios Preliminares*. Feche os olhos.

Visualize um ponto de luz acima de sua cabeça.

Imagine que ele vai se aproximando de você, penetra em você pela cabeça e desce pela coluna vertebral até o cóccix. Depois, lentamente, vai fazendo o caminho inverso, subindo pela coluna até o alto da cabeça, recolocando-se no seu lugar original, deixando um rastro de luz por onde passou, dentro de você.

Permaneça em silêncio, mantendo a consciência do ponto de luz acima de sua cabeça, enquanto dele se irradia uma sutil luminosidade.

Depois de alguns minutos, faça contato com sua respiração. Movimente devagar os pés, as mãos, a cabeça e o pescoço, e abra seus olhos, voltando ao seu ambiente.

44. Do Grão de Areia ao Milagre da Pérola

Faça os *Exercícios Preliminares* e, depois, sente-se na postura de meditação com os olhos fechados. Respire profundamente, mantendo-se calmo e relaxado.

Imagine que você está mergulhando no oceano. Como os peixes, você não necessita de equipamentos para respirar debaixo da água. O meio líquido faz parte da sua natureza e você circula por ele normalmente.

Passeie pelo oceano e maravilhe-se com as criaturas e paisagens submarinas.

Nade até essa colônia de ostras, que está logo abaixo de você. Tome nas mãos uma concha fechada e perscrute seu mistério. Observe a concha.

A curiosidade desperta em você o anseio de ver o que está acontecendo dentro da concha.

Imagine, então, que você consegue passar pelas suas paredes e que se encontra agora dentro de uma câmara entre as duas valvas da concha, onde descansa um pequeno molusco, que nela habita.

Você nota que começa a acontecer algo: um pequeno grão de areia está assentado no seio desse molusco, e o está molestando, causando-lhe certa irritação.

Logo, na sua presença, a magia do momento se descortina: o pequenino grão de areia começa a se transformar numa linda pérola. Você testemunha esse processo na natureza e fica fascinado com o acontecimento. Como, de um grão de areia, pode surgir tão delicada gema?

Reflita neste momento sobre os incômodos que a vida tem lhe causado. Abra-se à possibilidade de agir criativamente para operar um milagre dessa magnitude na sua vida.

Visualize as situações difíceis com que você tem se deparado e, uma a uma, transforme-as em pérolas.

Veja as dificuldades e os obstáculos como agentes da sua mudança pessoal e do seu crescimento em direção a uma nova consciência.

Lembre-se sempre do milagre da natureza fazendo brotar a pérola dentro da ostra.

Adorne sua consciência com a beleza de mais uma pérola cada vez que você conseguir transmutar de fato um grão de areia da sua vida.

Redimensione os problemas, vendo-os apenas como grãozinhos de areia prenhes de transformação.

Recolha as pérolas da sua transformação num fio, e monte o colar da sua existência.

Silencie sua mente por alguns minutos, tornando-se receptivo à energia criativa do Self.

Em seu próprio tempo, retome o contato com o ambiente em que você se encontra, respirando profundamente e movimentando as extremidades do seu corpo. Por fim, abra os olhos devagar.

45. A Pérola

Depois dos *Exercícios Preliminares*, sente-se na postura de meditação, com os olhos fechados, e respire suavemente pelas narinas.

Visualize em sua tela psíquica uma pérola que se situa bem diante de você na altura da sua testa.

Observe essa preciosidade e contemple sua cor. Deixe-se envolver por esse matiz perolado, que é único. Admire a perfeição inscrita na sua cor e na sua forma.

Mergulhe no interior da pérola e desfrute da sensação do contato suave com essa gema delicadíssima. Torne-se receptivo a essa divina influência.

Depois de alguns instantes, volte ao seu lugar, saindo de dentro da pérola, e continue a observá-la.

Agora, a pérola começa a girar bem devagar em torno de seu próprio eixo.

Em seu giro, outras tonalidades vão sendo desvendadas: o rosa, o verde, o lilás, o azul. Receba esse arco-íris perolado e perceba a irradiação branco-pérola instalando-se em torno de você. Abra seu coração a essa linda cor e permita que sua consciência se torne também radiante.

Desfrute desse estado de calma profunda por alguns minutos.

Volte ao seu ambiente quando quiser, respirando profundamente e movimentando os pés, as mãos, a cabeça, bem devagar. Em seu próprio tempo, abra os olhos.

46. O Planeta Terra

Sente-se para meditar depois dos *Exercícios Preliminares.* Feche os olhos. Permanecendo em profunda tranqüilidade, projete em sua tela psíquica a imagem do planeta Terra visto do espaço.

Deleite-se com o jogo de azul e branco de sua paisagem sideral.

Contemple a luminosidade de sua aura no contraste com o negro do vácuo.

Passeie pelos seus contornos e sintonize a potência de seu movimento no espaço.

Olhe para a Terra e se dê conta da vida pulsando nesse lindo planeta-mãe.

Cerque-o com luz branca e deixe-o vibrar nessa proteção amorosa. Imagine que todos os males são expurgados do planeta diante dessa luz radiante: tristeza, doença, pobreza, ódio e guerra.

Imagine a paz prevalecendo no coração dos homens e o amor impregnando todas as relações.

Imagine as forças da natureza comungando dessa harmonia.

Contemple a paz e a harmonia dentro do seu próprio coração.

Conserve dentro de você esse estado, de modo que ele possa expressar-se em todas as suas palavras e em todos os seus atos.

Depois de alguns minutos, retome a consciência de sua respiração e, movimentando-se suavemente, abra os olhos, voltando ao seu ambiente.

47. *O Cavalo do Arco-Íris*

Depois de ter praticado os *Exercícios Preliminares*, sente-se em postura de meditação com os olhos fechados, tranqüilamente.

Visualize-se passeando por um campo verdejante.

A distância você vê um lindo cavalo branco que parece estar à sua espera.

Caminhe na direção do animal e aproxime-se dele. O cavalo olha para você ternamente, como se estivesse convidando você para montar. Você aceita esse convite implícito em seu meigo olhar.

O cavalo começa a galopar, levando você a paisagens maravilhosas.

Você olha em torno e percebe que ele possui asas, o que você não havia notado antes. Nesse momento, o lindo animal alça vôo, levando-o para cima num passeio jamais sonhado.

Ele sobe, sobe, afastando-se cada vez mais do chão.

Por onde passa, vai deixando um rastro de arco-íris. Você se maravilha, sentindo-se liberto de todas as limitações.

Depois de alcançado um sentimento de liberdade indescritível, o cavalo começa a descer e, finalmente, realiza um pouso suave sobre a relva.

Você salta e o acaricia, agradecido pela ampliação de consciência proporcionada por esse vôo.

Deite-se na relva e descanse por alguns minutos.

Quando você estiver pronto, faça contato com a respiração, movimentando-se, e abra seus olhos.

48. O Leão Alado

Depois de praticar os *Exercícios Preliminares*, sente-se na postura de meditação. Feche os olhos.

Visualize em sua tela psíquica um majestoso leão alado.

Contemple sua força calma e sua beleza selvagem.

Observe sua cor dourada ao sol e seu olhar profundo e generoso.

Aproxime-se dele.

Não há perigo: ele o aguarda para levá-lo a algum lugar.

Você se acomoda sobre seu lombo e alça vôo.

Este ser alado o leva para o alto, muito além dos picos mais elevados do planeta.

O espetáculo do pôr-do-sol desdobra-se diante de você.

Envolvido no dourado do cair da tarde, você se apercebe da sensação morna do conforto interior.

Aprofunde-se no sentimento de generosidade presente no seu coração.

Juntamente com esse ser, espalhe os raios do seu amor, deixando um rastro dourado pelo firmamento cor-de-rosa do crepúsculo.

Terminando o vôo, o leão alado o deixa e continua seu caminho.

Fique em paz, desfrutando do calor do coração pleno de amor.

Depois de alguns minutos, retorne ao seu ambiente, através do contato com a respiração. Movimente-se delicadamente e abra os olhos.

49. O Vôo dos Pássaros

Sente-se na postura de meditação, depois de fazer os *Exercícios Preliminares*.

Feche os olhos e visualize em sua tela psíquica o céu azul.

Ouça o canto de um bando de pássaros que se aproxima. Veja como voam, formando uma unidade no céu.

Siga esse vôo e plane na companhia desses pássaros.

Abstenha-se de perturbar a ordem dada pela natureza. Una-se ao objetivo e à direção daquilo que é, aceitando o que tem de ser.

Experimente ser um pássaro entre os pássaros. Dê-se conta dos sentimentos evocados em você.

Retire-se do cenário e coloque-se na posição de observador.

Reflita sobre a ordem e o ritmo na natureza.

Veja os paralelos que você consegue estabelecer entre situações da sua vida e o vôo certeiro dos pássaros.

Depois de alguns instantes, silencie o coração e a mente.

Aprofunde a respiração depois de transcorridos alguns minutos e movimente os pés, as mãos e a cabeça, suavemente. Abra os olhos quando você estiver pronto.

50. *A Pluma*

Depois dos *Exercícios Preliminares*, sente-se para meditar. Feche os olhos e acenda a presença do eu observador.

Imagine na sua tela psíquica o céu azul. Uma pequena pluma entra em cena e flutua, levada pelas correntes de ar.

Note a sutileza de seus movimentos e sua flexibilidade — a não-resistência ao impulso da brisa.

Voe na imaginação, acompanhando essa pluma, e testemunhe a ação do ar.

Procure perceber a suavidade e a leveza que lhe são próprias.

Sinta-se como a pluma, atuando com essas qualidades no dia-a-dia.

Veja-se intocado pelos embates da vida, as rajadas do vento.

Realize um pouso suave sobre a realidade.

Note que não existem ferimentos na flexibilidade.

Depois de refletir sobre este tema, retome o contato com o ambiente, movimentando-se delicadamente e abrindo os olhos.

51. *A Espiral*

Depois de fazer os *Exercícios Preliminares* sugeridos, sente-se na postura de meditação. Feche os olhos e mantenha o contato com a respiração.

Imagine que dentro de você existe uma espiral de luz que liga a base do cóccix ao alto da cabeça.

Siga com a consciência esse trajeto interno, subindo pelas voltas da espiral.

Quando chega ao topo, você nota que a espiral continua muito acima da sua cabeça, sumindo no cosmos.

Suba devagar, galgando cada volta da espiral em direção às estrelas, enquanto admira o planeta lá embaixo.

Suba pelo cosmos, obedecendo estritamente a trilha da espiral, e penetre na estrutura da galáxia.

Tente perceber o movimento sinuoso e ascendente da galáxia em torno de um centro.

Ancore-se firmemente nesse centro imóvel e procure perscrutar o giro permanente do universo.

Sinta-se integrado ao cosmos nesta meditação entre as estrelas.

Depois de alguns minutos, faça o caminho inverso, voltando para casa.

Desça devagar pela espiral cósmica e adentre sua própria espiral interior.

Conecte-se com sua base, sentindo a superfície onde você está sentado.

Respire profundamente e mexa os pés, as mãos e o pescoço. Abra os olhos e contate o ambiente onde você se encontra.

52. Ondas de Impermanência

Depois dos *Exercícios Preliminares*, sente-se na postura de meditação. Feche seus olhos e ligue sua tela psíquica.

Visualize-se numa praia, contemplando o mar. Observe o movimento das ondas que vêm e vão.

O branco da espuma que se forma na crista da onda leva você a refletir sobre a impermanência.

Observe seu desenho mutante, o rebento inconstante, mas contínuo.

Perceba como as ondas se formam ao acaso, cumprindo seu propósito fugaz.

Observe a espuma na areia sendo absorvida, desmanchando-se voluntariamente para dar lugar ao novo que vem logo ali.

Observe o encontro das ondas, o movimento de expansão e de retração.

Procure dentro de você o reflexo desse mesmo processo.

Aceite as mudanças, as fases, os ciclos.

Seja tão plácido quanto o corpo do oceano, e tão móvel quanto o adorno das franjas de suas ondas.

Apague a imagem da tela psíquica e fique em silêncio por alguns instantes.

Depois, movimente as extremidades do corpo, respirando mais profundamente.

No seu próprio tempo, abra os olhos e faça contato com o ambiente onde você se encontra.

53. O Lago

Depois de ter praticado os *Exercícios Preliminares*, conforme foi sugerido, sente-se na postura de meditação. Feche os olhos.

Visualize na sua tela psíquica um lago.

Note a tranqüilidade de suas águas límpidas, que parecem um espelho, refletindo o céu e as nuvens que passam.

Cai a noite e vem a lua de prata.

O lago manso a reflete impassível e perfeitamente. O lago se ilumina com seu brilho, como se uma outra lua nele habitasse.

Assim deve estar sua mente: como o espelho do lago refletindo a perfeição dos elementos da natureza.

Cultive o lago da mente, mantendo-o limpo, sereno e translúcido, para que a imagem do espírito possa surgir nitidamente em sua superfície, como ela é.

Depois de alguns minutos em silêncio, retome o contato com o ambiente, respirando profundamente e movimentando-se com delicadeza. Abra os olhos.

54. O Templo

Depois dos *Exercícios Preliminares*, sente-se na postura de meditação. Feche os olhos e entre na câmara silenciosa do seu coração.

Imagine que você está diante de um templo. Caminhe até sua entrada.

As luzes estão acesas. Passe pelo portal e entre.

Observe o lugar atentamente, procurando conhecer todos os seus detalhes.

Não há ninguém aí: nesse lugar você está só. Sente-se e fique consigo mesmo.

Deixe que a atmosfera da presença do Sagrado ressoe dentro de você, fazendo-o vibrar na paz do Espírito.

Respire profundamente, inalando esta paz que o circunda.

Receba as bênçãos que vêm do Alto.

Permaneça aí, em silêncio, por alguns minutos.

Reverentemente, agradeça do fundo do seu Ser por ter a oportunidade de estar no templo sagrado.

Saia devagar, carregando consigo esses benefícios e na certeza de que esse templo se situa em seu coração.

Quando estiver pronto, retome o contato com o seu ambiente, respirando conscientemente, movimentando-se e abrindo os olhos.

55. O Livro da Sabedoria

Sente-se na postura de meditação com seus olhos fechados, depois de ter feito os *Exercícios Preliminares*.

Imagine em sua tela psíquica que você está caminhando por uma cidade antiga e desconhecida. Caminhe pelas ruas, observando as construções e os habitantes, que fazem parte de uma cultura que não é a sua.

Você está ali com um propósito bem definido: visitar uma antiga biblioteca.

Essa biblioteca não é uma biblioteca qualquer. Nela estão guardados os arquivos cósmicos da Sabedoria.

Somente a intuição pode guiá-lo até lá. Desta forma, procure centrar-se, pois só assim será possível encontrar o caminho.

Pare, respire profundamente, ouça a voz do seu coração. Pergunte-se onde se situa a biblioteca. Deixe-se guiar pela sua sabedoria interior.

Uma certeza toma conta de você e o faz tomar a direção correta.

Transcorrido algum tempo, você chega a seu destino: aí está você diante da biblioteca.

Revitalizado por ter alcançado seu objetivo, você entra pela porta principal. Não há ninguém, apenas os conhecidos dizeres: "Conhece-te a ti mesmo" — que soam como instruções.

Você começa a andar pela imensa biblioteca. São muitos corredores e muitos andares.

Você busca incansavelmente, procurando encontrar o que necessita. Mais uma vez você se dá conta de que somente sua intuição pode guiá-lo ao lugar que você procura, ao livro que precisa ser consultado. Então você pára, interioriza-se e volta a caminhar com renovada certeza.

Depois de algumas voltas, você se encontra com uma pessoa. Dirija-se até ela, que parece olhar para você compassivamente, como se o estivesse aguardando há muito tempo.

Sem falar, a pessoa entrega-lhe um livro grande e pesado.

Você compreende, de um relance, que se trata de um livro de sabedoria — justamente aquele que você vinha buscando!

Cuidadosamente, você o segura e o põe sobre uma mesa.

O guardião o acompanha e sugere que você abra esse livro.

Reverentemente, você o abre e lê algumas linhas.

Deixe que as palavras soem claramente em sua consciência. Neste momento, você se dá conta de que acabou de encontrar uma resposta para aquela questão crucial da sua existência.

Você fecha o livro, devolvendo-o ao guardião, e, profundamente agradecido, despede-se, encaminhando-se para a saída.

Você volta para casa feliz por ter conseguido cumprir seu propósito e na certeza de que, quando for necessário, poderá visitar novamente essa preciosa biblioteca.

Retome o contato com a respiração. Movimente as extremidades do corpo e abra os olhos, voltando ao ambiente em que você se encontra.

56. O Barco

Sente-se na posição de meditação depois dos *Exercícios Preliminares.*

Imagine em sua tela psíquica que você está na margem de um rio.

Um pequeno barco está ancorado ali.

Aproxime-se e entre na embarcação.

Solte-a e comece a remar por esse rio manso.

Tudo está tranqüilo à sua volta: o sol brilhante, as águas cristalinas, a vegetação exuberante. Navegue por esse rio calmo.

Depois de algum tempo, o sol se esconde atrás de nuvens densas.

Começa a esfriar, e uma forte camada de neblina toma conta do cenário.

Você fica um pouco amedrontado diante de tais condições, pois começa a escurecer.

Só e sem direção, é impossível voltar, pois nem mais as margens do rio você avista.

O rio parece ter se alargado demais.

Anoitece.

A fraca luminosidade da lua cheia tenta se insinuar por entre a cortina de neblina.

Você permanece ali, parado, em vigília, atento às horas.

De repente, uma tímida luz surge por entre o branco da neblina.

A luz aproxima-se mais e mais, e você percebe que se trata do farol de uma embarcação.

Você aguarda, apreensivo.

Logo o barco aparece na sua frente.

O condutor, vestido com longa túnica branca, o saúda e aponta o caminho.

Você percebe que está a salvo e retoma os remos, seguindo-o até um porto seguro.

Reflita sobre uma situação de sua vida em que você tenha passado pela experiência de sentir-se perdido.

Lembre-se do sábio condutor que habita em seu interior e que está prestes a socorrê-lo nas situações difíceis.

Use o seu discernimento, seguindo sempre pelo caminho seguro da sabedoria.

57. A Integração das Fases da Vida

Depois dos *Exercícios Preliminares*, sente-se na postura de meditação. Feche os olhos, mantendo o corpo relaxado.

Procure no mais recôndito arquivo em sua memória a imagem de quando você era criança. Coloque em sua tela psíquica essa fotografia viva e nítida.

Procure compreender os sentimentos daquela criança. Afague-a, abrace-a, dê a ela todo o seu carinho.

Traga agora para a sua mente a imagem de quando você era adolescente.

Retome mentalmente os movimentos desse ser humano ansiando por expansão.

Compreenda seus sentimentos. Garanta-lhe o seu amor. Abrace-o.

Evoque agora sua imagem de adulto. Faça-a tornar-se nítida em sua mente.

Conheça os seus sentimentos. Pegue esse adulto pelas mãos, olhe-o nos olhos, perscrute seus desejos e sonhos. Receba-o em seus braços, abraçando-o longamente. Garanta-lhe a sua confiança.

Busque uma imagem sua na velhice.

Traga o seu idoso e dê-lhe vida em sua tela psíquica. Ouça-o falar sobre os seus sentimentos. Ouça as histórias do passado que ele anseia por lhe contar. Veja no fundo de sua alma as fotografias da sua vida. Garanta-lhe sua plena aceitação. Abrace-o ternamente.

Visualize agora na sua frente a imagem de cada fase da sua vida.

Integre-as numa única imagem.

Aproxime-se dela e olhe-a nos olhos, reconhecendo-se.

Abrace com amor esse ser total que você é.

Permaneça em silêncio por alguns minutos.

Depois, em seu próprio tempo, volte ao seu ambiente, fazendo contato com a respiração, massageando o seu corpo delicadamente e abrindo os olhos.

58. O Som do Oceano

Depois de fazer os *Exercícios Preliminares* sugeridos, sente-se na postura de meditação.

Visualize-se sentado na praia diante do oceano.

Observe o movimento das ondas e ouça o barulho do mar.

Feche os olhos e ouça.

Sinta-se tranqüilo e em paz.

Deixe o som do oceano amplificar-se dentro de você.

Perceba sua vibração em cada célula do corpo, como um movimento incessante.

Sinta-se unido ao som do oceano.

Permita que a energia do som do oceano transborde em você como o eterno Om, a Vibração Cósmica, o Espírito Onipresente na criação.

Fique em silêncio por alguns minutos.

Volte, então, ao seu ambiente, respirando profundamente.

Tome consciência do seu corpo, movimentando delicadamente suas extremidades, e abra os olhos em seu próprio tempo.

59. O Cristal de Duas Pontas

Depois dos *Exercícios Preliminares*, sente-se confortavelmente na postura de meditação. Feche os olhos.

Visualize diante de você, colocado verticalmente, um grande cristal de quartzo branco de duas pontas, uma em cada extremidade.

Penetre com a sua consciência no interior do cristal.

Sinta o seu eixo e o equilíbrio perfeito entre as duas forças: uma ponta voltada para o alto e a outra voltada para baixo, como setas apontando em direções opostas.

Coloque-se no centro, no ponto de origem da força ascendente e da força descendente. Potencialize dentro de você a capacidade de enraizamento e, simultaneamente, a de elevação da consciência.

Sinta a integração dos opostos na unidade indissociável de matéria-espírito.

Viva na transparência do cristal de quartzo essa realidade, permanecendo por alguns instantes dentro dele.

Saia, então, e coloque-se novamente diante dele.

Nesse momento a pedra começa a diminuir, tornando-se um pequeno cristal.

Tome-o em sua mão e coloque-o em contato com o chakra do coração no centro do seu peito. Sinta que o cristal penetra seu campo energético e aloja-se nesse ponto, como se fosse um implante. Deixe-o aí irradiando sua vibração benéfica.

Depois de alguns minutos, aprofunde a respiração para voltar ao contato com o ambiente. Movimente os pés, as mãos e a cabeça devagar, e abra os olhos.

60. A Gruta na Grande Árvore

Faça os *Exercícios Preliminares* e depois sente-se na postura de meditação com os olhos fechados.

Imagine que você está numa floresta de árvores centenárias.

A sombra das árvores e a umidade conferem ao ar uma deliciosa sensação de frescor.

Você caminha e encontra uma grande árvore, com enormes raízes aéreas e a copa muito alta. Você a examina e descobre uma gruta formada pelo emaranhado das raízes.

Sente-se aí confortavelmente e desfrute da paz da floresta.

Perceba o fluir da seiva pelas raízes e olhe para cima, alcançando com o olhar a mais alta folhinha no último galho.

Tente se harmonizar e sintonize-se com o testemunho de tantos anos de existência.

Procure visualizar as transformações ocorridas na mudança das estações. Reflita sobre a renovação constante do ciclo vegetal. Transponha a renovação, que nem é tão evidente..., para a sua vida...

Abra-se para a fortaleza interior do tronco, para a firmeza das raízes, para a maleabilidade dos galhos, para o vigor das folhas. Torne consciente em você esse potencial.

Depois de alguns minutos de silêncio, retome o contato com o seu ambiente, movimentando o corpo delicadamente, respirando profundamente e abrindo os olhos.

61. A Alameda das Flores

Depois dos *Exercícios Preliminares*, sente-se na postura de meditação. Feche os olhos.

Visualize em sua tela psíquica uma alameda ladeada de muitas árvores floridas. Caminhe por ela tranqüilamente, admirando as flores abundantes nas árvores de diferentes tipos.

Observe as cores, as formas e os aromas. Brinque nesse lindo cenário.

Sinta-se inebriado com tamanha beleza.

Desfrute dessa atmosfera perfumada e cheia de luzes.

Sinta-se renovado e confiante, pronto para vencer qualquer dificuldade.

Ofereça seus atos e suas palavras como sementes de árvores florais em todas as ocasiões.

Confie no que em você há de melhor. Depois de permanecer em silêncio por alguns minutos nesse lugar, agradeça interiormente aos construtores da forma na natureza, por ter a oportunidade de estar presente nesse ambiente maravilhoso e inspirador.

Volte ao contato com a sua respiração e movimente seu corpo suavemente. Em seu próprio tempo, abra os olhos.

62. Flores Perfumadas

Sente-se na postura de meditação, depois dos *Exercícios Preliminares*. Feche os olhos.

Respire profundamente.

Sem perder o contato com a respiração, procure deixar vir à consciência algum obstáculo que esteja incomodando você no momento, lembrando-se de uma situação específica da sua vida.

Observe em sua tela psíquica esta situação, como num cinema.

Você, como autor, diretor e ator nesse drama, possui a capacidade de interferir, escrevendo ou reescrevendo a trama, modificando o fio condutor e seu desfecho.

Faça uma experiência: com a história completa à sua frente, retroceda um pouco, chegando ao ponto em que entraria em cena o elemento que representa o obstáculo que parece estar bloqueando uma ação, ou uma decisão, ou um direcionamento em sua vida.

Em seu lugar, coloque um ramalhete de flores que nascem miraculosamente do vazio prenhe de forma.

Repasse então o drama na sua tela mental.

Presencie agora a transmutação, deixando rodar todas as cenas subseqüentes até chegar a um novo desfecho.

Observe as mudanças, limpando a história da negatividade que bloqueia o livre fluxo do crescimento e da expansão em você.

Faça o mesmo com outras situações, transformando sempre em flores os obstáculos.

Crie outra atmosfera ao seu redor: mais limpa, mais perfumada, mais positiva.

Depois de ter feito a experiência, retome o contato com a respiração.

Movimente o corpo devagar e abra os olhos.

63. O Campo Holográfico

Depois dos *Exercícios Preliminares*, coloque-se de pé, com as pernas ligeiramente afastadas, coluna ereta, ombros e braços relaxados. Feche os olhos.

Inspire profundamente pelas narinas e expire, soprando o ar pela boca bem devagarinho. Faça algumas respirações desse tipo.

Trace em torno de você, mentalmente, uma linha que começa num ponto situado acima da cabeça, desce pela lateral esquerda do seu corpo, passa abaixo dos pés e sobe pelo lado direito, chegando novamente ao ponto inicial. Os limites que você desenhou devem ter a forma de um ovo, grande o bastante para contê-lo de pé no seu interior.

Refaça todo o percurso lentamente, do alto até embaixo, subindo novamente. Repita mais uma vez.

Procure sentir a superfície desse ovo invisível à sua frente, descendo mentalmente pela frente, dando a volta por baixo de seus pés e, finalmente, subindo pelas costas.

Percorra toda a superfície dessa camada invisível em torno de você, várias vezes.

Perceba o lado de dentro dessa superfície e também o lado de fora da mesma, entrando em contato com a dimensão do "ovo" que você delineou.

Agora, procure perceber o espaço situado entre a "casca" e o seu corpo.

Vasculhe cada parte desse espaço. Tente perceber do que ele é feito.

Entre em contato com os átomos desse vazio. Testemunhe a corrida, em frenética velocidade, que se desenrola aí, sob a sua vista, no nível das partículas subatômicas.

Perceba a incrível distância entre cada uma.

Faça contato, a partir dessa dimensão microcósmica, com o seu corpo.

O que parecia tão sólido desmancha-se agora em imensos espaços vazios, campo de uma corrida ordenada e paradoxal entre partículas e subpartículas.

Aperceba-se das ondas em que se transformam e das ondas que se revertem em partículas.

Presencie a maravilhosa dança cósmica dentro do seu corpo e em todo o campo holográfico em torno de você, que o inclui.

Dê-se conta da interconexão em forma de rede nesse campo, da multiinfluência desencadeada por cada ponto em movimento.

Chegue novamente aos limites traçados inicialmente por você, à superfície externa do ovo energético.

Note a interpenetração de influências do espaço externo e mergulhe em consciência para além do seu campo pessoal.

Compartilhe da mesma natureza no meio ambiente.

Veja a estrutura da matéria-energia pulsando como pulsa lá dentro, no refúgio do seu coração.

É tudo espaço-luz.

Não há diferença ou separação.

Permaneça em silêncio nessa linda viagem microcósmica, no mundo da ordem implicada, vislumbrando o mar de luzes subatômicas.

Depois de alguns minutos, desfaça as imagens de sua tela psíquica.

Aprofunde a respiração, tomando consciência do ar que entra e sai por suas narinas.

Mexa suavemente as mãos, os pés e a cabeça e massageie delicadamente seu corpo, tomando novamente consciência de seus contornos e de sua solidez tridimensional. Abra os olhos enquanto se massageia.

Em seu próprio tempo, movimente-se pelo ambiente em que você se encontra.

64. *"Eu Sou Ele"*

"Eu sou Ele" é um conhecido "mantra" na tradição hindu. Os "mantras" são formados por palavras ou frases sagradas de carregado significado energético transformador, consagrado pelo tempo.

Depois dos *Exercícios Preliminares*, sente-se na postura de meditação. Mantenha a mente tranqüila, feche os olhos e coloque o olhar voltado para o centro da testa.

Respire calmamente, observando o ar que entra e sai pelas narinas.

Perceba as ondas de uma paz oceânica que se irradiam a partir do centro de sua testa, chegando a cada célula do seu corpo.

Nesse estado de tranqüilidade, pronuncie mentalmente o mantra "Eu sou Ele".

Respirando, deixe que seu significado profundo penetre em todas as camadas do seu ser.

Repita mentalmente esta frase magnética, de forma pausada e com devoção, algumas vezes.

Silencie e fique na perfeita harmonia interior.

Depois de alguns minutos, tome consciência novamente da respiração, movimente-se suavemente e abra os olhos.

65. O Tapete Oriental

Depois de praticar os *Exercícios Preliminares*, sente-se na postura de meditação com os olhos fechados.

Imagine em sua tela psíquica um templo sobre uma colina.

Dirija-se para lá com a atitude reverente de quem entra num lugar sagrado.

Tire os sapatos e entre.

Não há pessoas, não há móveis, não há imagens. No chão, apenas um antigo tapete oriental, que cobre todo o espaço.

Comece a caminhar pelo imenso tapete, sentindo-lhe a textura.

Observe os desenhos e as cores dessa obra de arte: flores, árvores, arabescos, animais — todos os motivos da criação.

Caminhe ordenadamente a partir de suas bordas, seguindo os diversos planos do desenho.

Dê as voltas necessárias, como num labirinto ou numa mandala, chegando ao centro do tapete.

Sente-se aí em meditação, nesse ponto de origem e convergência do desenho.

Perceba a força imanente nessa mandala de fios coloridos.

Olhe para cima e vislumbre a luz que entra pelo alto, iluminando o seu rosto. Receba o calor dessa luz de transcendência que jorra sobre a sua cabeça.

Feche os olhos e permaneça em silêncio no centro da mandala, unido à força da sua Totalidade.

Depois de desfrutar das bênçãos que fluem neste ponto do templo por alguns minutos, levante-se devagar, e caminhe em direção à porta de saída do templo.

Ponha os sapatos.

Retome o contato com a respiração. Movimente suas extremidades, abrindo os olhos quando você estiver pronto, e volte ao ambiente em que você se encontra.

Saiba que o Templo encontra-se ao seu alcance, podendo ser contactado dentro de você sempre que você quiser ou necessitar.

66. *O Canto no Mosteiro*

Faça os *Exercícios Preliminares* e sente-se depois na postura de meditação.

Feche os olhos.

Imagine em sua tela psíquica que você se encontra no pátio de um grande mosteiro.

A atmosfera de paz está impregnada nos muros e nas paredes dessa sólida construção.

Observe suas formas simples e despojadas.

Sente-se para meditar um pouco.

O silêncio o envolve e você começa a sentir a profunda tranqüilidade do recolhimento.

Passados alguns minutos, você começa a ouvir ao longe um coro entoando canções sacras.

O som magnífico da harmonia das muitas vozes o enleva ainda mais.

Você decide, então, caminhar pelo mosteiro para descobrir de onde vem esse canto sublime.

Suba as escadas e caminhe pelos seus corredores.

Busque a origem do som.

Depois de muito procurar, finalmente você chega à porta de um recinto iluminado à luz de velas.

Muitos monges estão ali reunidos, cantando com fervor.

Você se sente parte desse coro harmonioso tão familiar.

Um monge se aproxima de você e o acompanha até uma cadeira vazia no meio do coro.

Você percebe que sempre conheceu esse lugar, esse grupo de pessoas, essas músicas...

Seu coração, cheio de júbilo, vibra.

Você toma nas mãos o seu livro de cânticos e coloca a sua voz, completando a perfeição do coro.

Sinta-se integrado, trazendo o céu para a terra por meio do canto.

Sinta a melodia permear todo o seu ser, fazendo-o vibrar como instrumento do Senhor.

Receba as bênçãos do silêncio depois da canção.

Sinta-se acolhido na Casa do Pai, pleno de amor divino.

Depois de alguns minutos desfrutando dessa paz infinita, volte ao seu ambiente, transportando-a com você.

Respire profunda e lentamente, movimente suas extremidades – pés, mãos e cabeça – e abra os olhos quando estiver pronto.

67. A Oração ao Sol

Esta meditação foi inspirada na tocante "Prece Gayatri", transcrita do *Livro de Runas* (Ralph Blum, Editora Bertrand Brasil), referindo-se à runa "SOWELU":

> "Vós, que sois a fonte de todo poder,
> Cujos raios iluminam o mundo inteiro,
> Iluminai, igualmente, o meu coração,
> Para que ele também possa fazer a Vossa obra."

Depois dos *Exercícios Preliminares* sugeridos, coloque-se de pé, pernas ligeiramente separadas, coluna ereta, braços e ombros relaxados.

Visualize-se num dia ensolarado ao ar livre.

Veja os raios do sol iluminando toda a criação.

Note como as plantas, as flores e os animais recebem com alegria seus raios vitalizantes.

Observe como tudo vibra sob a luminosidade do astro-rei.

Sinta também em você o poder benéfico de seus raios.

Perceba a síntese vital que o sol opera em seu corpo e nos alimentos que o nutrem.

Receba o calor amoroso de seus raios, confortando com generosidade o seu coração iluminado.

Ao receber esse calor, seu coração torna-se um lindo sol, reflexo do Sol Maior.

Emita os raios solares do seu coração, enchendo de luz e vida todos os seres à sua volta.

Sinta-se inteiro, doando-se: um ser integral.

Depois de irradiar a luz do seu coração, abra os olhos.

Coloque as mãos sobre o coração e sinta a sua plenitude.

Respire profundamente e movimente-se devagar, em seu próprio tempo.

68. A Congregação Angélica

Pratique os *Exercícios Preliminares* sugeridos. Sente-se, depois, na postura de meditação e feche os olhos.

Mergulhe na profunda paz do seu coração, respirando calmamente.

Visualize em torno de você uma nuvem rósea e cintilante. Respire o seu brilho, deixando que todo o seu ser torne-se radiante e leve.

Nesta pureza que o permeia agora, vislumbre a delicada presença de seres angélicos ao seu redor.

Imagine-os como seres luminosos circundados de raios em tons pastel.

Aperceba-se das qualidades puras que eles representam.

Permita que cada um o abençoe, oferecendo a você as qualidades de que mais necessita na sua vida neste momento.

Receba cada dádiva.

Agradeça a doçura de cada gesto.

Permaneça em silêncio na sutileza deste encontro com o melhor de você.

Depois de alguns minutos, retome o contato com a sua respiração.

Movimente as extremidades do seu corpo com leveza e, finalmente, abra os olhos, voltando ao seu ambiente.

69 A Identificação com o Divino

Depois de fazer os *Exercícios Preliminares*, sente-se na postura de meditação, com os olhos fechados.

Aprofunde a respiração, tornando-a completamente calma.

Esvazie-se de pensamentos.

Mergulhe no lago cristalino da sua mente.

Sinta-se envolvido pela infinita paz.

Perceba o amor florescendo no seu coração.

Prepare-se para um encontro sublime, que é o contato com o Ser que representa para você o Divino.

Visualize em sua tela psíquica a imagem desse Ser Magnífico: Jesus Cristo, ou Krishna, ou Buda, ou Maomé — um Ser dessa grandeza, completamente iluminado.

Observe sua imagem tornando-se nítida no seu interior.

Perceba a luz que perpassa essa forma, a luminescência que marca a transfiguração e a transcendência.

Receba as bênçãos desse encontro com o Sagrado.

Comungue de sua natureza divina, sentindo-a plenamente na sua própria consciência.

Torne-se Um com Ele.

Permaneça na consciência da Luz por alguns minutos.

Depois, volte ao seu ambiente, respirando profundamente e movimentando o corpo delicadamente. Abra os olhos, em seu próprio tempo, e continue a sentir em você essa Presença silenciosa, inspirando-o para sempre rumo ao Eterno.

70. A Celebração dos Golfinhos

Depois de ter praticado os *Exercícios Preliminares*, sente-se na postura de meditação, com a coluna ereta, relaxado e atento. Feche os olhos.

Visualize-se mergulhando no azul profundo do mar.

Nade deliciosamente por essas águas transparentes.

Deleite-se com a luminosidade dos raios de sol que penetram a superfície do oceano.

Permita que esse banho azulado toque suavemente sua alma, tranqüilizando-a totalmente.

Vislumbre a uma certa distância um grupo de golfinhos a espreitar essa criatura diferente que você é.

Tente sintonizar a mente com a curiosidade inerente aos golfinhos e garanta a sua amorosidade.

Deixe que eles se aproximem com o seu canto meigo e o rodeiem.

Brinque com eles.

Sinta a textura de seus corpos lisos, que se achegam para um carinho.

Fite-os nos olhos e compreenda a doçura de cada olhar e o sorriso esboçado em cada face.

Aprenda a respirar conscientemente, como os golfinhos fazem, ligando-se mais à vida, ao aqui-e-agora.

Aprenda o balé da celebração aquática da sua chegada.

Dance com os golfinhos a dança da vida. Celebre!

Depois de desfrutar dessa companhia doce, permita que eles o encaminhem até a praia.

Despeça-se de seus amigos do mar e dirija-se para fora d'água.

Respirando conscientemente, retome o contato com o ambiente onde você está.

Movimente seus membros delicadamente e abra os olhos em seu próprio tempo.

71. A Borboleta

Sente-se na postura de meditação, depois de fazer os *Exercícios Preliminares* recomendados. Feche os olhos.

Visualize em sua tela mental uma pequena larva sobre uma folha.

Essa larva caminha pela planta, alimentando-se.

Procure percebê-la na sua íntima interioridade.

Observe a "consciência" da larva, seu propósito instintivo.

Acompanhe seu desenvolvimento por dentro, como se sua consciência nela estivesse habitando.

Num certo ponto, a larva fixa-se num galhinho e, pendurada ali, inicia a mágica fiação de seu casulo, a partir de si mesma.

Torne-se o casulo, apreenda a sua dimensão transicional. Tente captar a condição da dissolução da forma, a condição da transição.

Exercite a paciência da crisálida.

Respeite o seu próprio tempo...

Veja o casulo por dentro. Procure desvendar o mistério que ele encerra sem violá-lo.

Espere e espere.

Note um pequeno movimento que se insinua nas suas paredes.

Observe por fora, e ao mesmo tempo por dentro, como se você estivesse lá dentro, prestes a passar para outra condição, para uma nova etapa.

Rompa o casulo.

Olhe-se. Conheça a sua nova forma.

Abra devagar suas asas molhadas ao sol.

Sinta o calor e a brisa.

Conheça suas cores e seus desenhos.

Note em você o impulso do primeiro vôo. Voe!

Conheça os seus movimentos.

Explore o lugar onde você renasceu!

Pouse numa linda árvore e encontre seus companheiros.

Realizem outros vôos juntos.

Realize o propósito do seu ser.

Repouse tranqüilamente e fique em silêncio.

Depois de contemplar a metamorfose da borboleta, respirando conscientemente, volte ao seu ambiente.

Movimente-se e abra os olhos devagar, quando estiver pronto.

72. *A Lagoa Verde*

Depois dos *Exercícios Preliminares* recomendados, sente-se para meditar na postura de meditação. Feche os olhos.

Visualize uma lagoa verde-clara e transparente em sua tela psíquica.

Como um ser aquático, mergulhe em suas águas cálidas.

Junte-se aos peixes coloridos, nadando com eles.

Perceba a limpidez de suas águas claras e os reflexos dourados que o sol lhe empresta.

Chegue ao fundo da lagoa.

Toque sua areia fina e branca.

Sinta-se em paz.

Deleite-se com o silêncio das águas.

Embrenhe-se em suas florestas aquáticas. Brinque entre as algas.

Descanse, vislumbrando esse lindo cenário.

Depois de alguns instantes, volte à superfície, sentando-se na beira da lagoa.

Veja-a de fora.

Contemple sua beleza em silêncio, aquecendo-se ao sol.

Depois de alguns minutos, respire profundamente, tomando consciência do ar que entra e sai pelas narinas.

Movimente os pés, as mãos e a cabeça. Abra os olhos, contactando novamente o ambiente onde você se encontra.

73. *A Mina de Diamante*

Depois de praticar os *Exercícios Preliminares*, sente-se na postura de meditação com os olhos fechados e a respiração tranqüila.

Imagine em sua tela psíquica que você está na entrada de uma mina de carvão.

Visualize-se vestido adequadamente para a jornada que agora se inicia.

Munido de um farol preso à testa, você caminha e começa a descer pelas galerias.

O facho de luz que você carrega vai iluminando as estranhas paisagens subterrâneas, as entranhas da terra.

Você se mantém tranqüilo, na certeza de que chegará ao local aonde deve chegar e retornará tranqüilamente, seguindo as demarcações.

Você caminha com certa dificuldade por entre os obstáculos da caverna, mas finalmente chega ao lugar onde você pressente que deve parar.

Com as ferramentas que você trouxe, você começa a sua escavação pessoal, retirando algumas camadas de terra e pedra, que forram a caverna.

Subitamente, você depara com o que estava buscando: uma pedra, um negro carvão.

A alegria toma conta do seu ser ao perceber que aí dentro habita a pedra preciosa que você vem procurando incessantemente, por toda a sua vida.

Você a toma nas mãos e começa a retirar as camadas escuras que a encobrem.

Dentro, como um farol, reluz o diamante da sua alma!

Ao deparar com tanto brilho, você se enche de luz e júbilo.

Colocando-a num saquinho de veludo numa corrente de ouro junto ao peito, você inicia o retorno.

Chegando à superfície, você se encontra com a luz do sol.

Retire a jóia e exponha-a a essa luz radiante.

Volte para casa e lapide sua pedra no dia-a-dia com o amor e a clareza de sua alma.

Respire profundamente para voltar ao seu ambiente. Quando se sentir pronto, abra os olhos, movimentando-se suavemente.

74. *O Centro*

Depois de realizar os *Exercícios Preliminares*, sente-se na postura de meditação. Feche os olhos e respire tranqüilamente pelas narinas.

Visualize um ponto luminoso situado no interior do seu corpo, na altura do estômago, atrás do plexo solar.

Tente aperceber-se da vibração crescente desse centro de luz pura dentro de você.

Permita que essa luz se expanda, configurando uma estrela, formando um halo ao seu redor.

Permaneça por alguns minutos nesse estado silencioso, recebendo e irradiando a luz que emana desse ponto estelar.

Depois, no seu próprio tempo, respire profundamente. Mexa as extremidades do seu corpo delicadamente e, por fim, abra os olhos, retomando o contato com o seu ambiente.

Visite esse centro interior para se conectar com a sua "fonte" sempre que sentir necessidade.

75. *O Rosto do Sagrado*

Sente-se na postura de meditação depois de fazer os *Exercícios Preliminares*. Feche os olhos, permanecendo relaxado e atento.

Imagine que você está diante de um templo.

Entre pelo portal. Luzes acesas anunciam que o Sagrado está presente. Sinta essa presença ressoar no seu Ser.

Caminhe até uma porta que leva a uma pequena sala. Nela estão dispostas diversas imagens, como num altar.

Há santos e santas, animais, símbolos do Sagrado atualizando-se eternamente.

Aproxime-se.

Ao fazer isso, você descobre uma característica muito peculiar nessas imagens: não há rostos — em seu lugar há espelhos.

Um pouco perplexo por deparar com algo tão inusitado, você se dá conta de que ao se colocar diante de uma imagem, você verá o seu próprio rosto refletido ali, como parte da imagem!

Reflita sobre o que isso significa para você.

Nesse momento, aproxime-se reverentemente de uma imagem.

Fique simplesmente diante da imagem que você escolheu e mire-se.

Procure reconhecer em você as qualidades que você está vendo nessa imagem.

Permita que a vibração do Sagrado nela representado transpareça através do seu rosto.

Torne-se uma coisa só com a imagem.

Identifique-se com o Sagrado em você.

Permaneça por alguns minutos nesse estado beatífico.

Depois retome a consciência do ambiente em que você está, respirando e movimentando-se delicadamente.

Abra os olhos e sinta o seu corpo, massageando-o suavemente.

76. Alegoria da Superconsciência

Faça os *Exercícios Preliminares*, e depois coloque-se de pé: corpo relaxado, coluna ereta, pés bem plantados no chão, queixo paralelo ao solo. Respire profundamente e sinta a paz instalando-se no seu ser. Feche os olhos e desfrute desse estado de paz.

Visualize o seu corpo como luz.

Mergulhe a consciência nessa luz cor de prata e ouro que você é.

Veja o seu corpo brilhando nessa veste luminosa.

Visualize atrás de si a irradiação de sua própria luz formando uma aura prateada e dourada de um brilho sem par.

Sinta com o coração sua dimensão luminosa, em forma ovalada.

Perceba como a sua consciência se expande ao contatar a realidade luminosa que você é.

Permaneça nesse estado por alguns instantes.

Depois, retome conscientemente sua respiração, observando o ar que entra e sai pelas narinas. Realize pequenos movimentos com as mãos, os pés, a cabeça. Abra os olhos e faça contacto com o seu ambiente.

77. Um Tesouro no Fundo do Mar

Depois dos *Exercícios Preliminares*, sente-se tranqüilo na posição de meditação. Relaxe os olhos, fechando-os com suavidade.

Em sua tela psíquica, visualize o oceano num lindo dia de sol.

Você está num barco e prepara-se para mergulhar.

Coloque seu equipamento, certificando-se de que tudo está pronto.

Mergulhe e comece a nadar, observando o ambiente marinho.

Deleite-se com as cores das colônias de corais e dos cardumes de peixes coloridos nadando rápida e ordenamente.

Vislumbre, lá do fundo, o brilho do sol que atravessa a transparência dessas águas onde você se encontra.

Ao nadar, você vê ao longe um objeto reluzente que se insinua sobre a areia branca do fundo do mar.

Aproxime-se.

Trata-se de uma arca dourada.

Observe-a por fora.

Abra-a cuidadosamente para ver o que há dentro.

Tome em suas mãos o objeto que aí está.

Deixe-se impregnar com a profundidade do significado que esse objeto encerra.

Leve-o consigo, fechando a arca e deixando-a onde está.

Retorne devagar para a superfície.

Retire seu equipamento e contemple por alguns instantes o objeto que o oceano lhe ofertou. Depois, guarde-o com cuidado, tendo em mente o que ele simboliza para você.

Respire profundamente, mexendo delicadamente os pés, as mãos e a cabeça. Faça contato com o seu ambiente, abrindo os olhos quando você estiver pronto.

78. A Bolha de Sabão

Este exercício oferece duas opções para a resolução de problemas. Leia as opções "A" e "B" e veja a que se adapta melhor ao seu caso.

Depois dos *Exercícios Preliminares*, sente-se na postura de meditação, com os olhos fechados.

Mantendo-se ancorado na respiração, evoque uma situação desagradável pela qual você esteja passando na sua vida.

Traga-a para a sua tela psíquica e observe-a em seus detalhes. Deixe que a cena que lhe causa desconforto desenvolva-se em sua frente.

Congele a imagem, estancando o movimento.

Crie em torno da cena uma bolha que circunscreva perfeitamente a situação, isolando-a.

Veja-a flutuar diante de você.

A. Testemunhe a transformação dessa situação: opere o seu inverso, revertendo-a, tornando-a positiva.

Envie essa bolha para os confins do universo a fim de consumar a verdadeira mudança.

Abra-se interiormente para a transformação, libertando-se.

Permaneça em silêncio por alguns instantes.

Depois, em seu próprio tempo, movimente-se devagar e abra os olhos, retomando o contato com o ambiente em que você se encontra.

B. Testemunhe a dissolução dessa situação: dentro da bolha que você criou, ela se apaga, desaparecendo no ar, tornando-se nada. Estoure a bolha como se fosse apenas uma efêmera bolha de sabão...

Fique diante do nada por alguns instantes.

Retome o contato com seu ambiente depois de algumas respirações profundas, movimentando suas extremidades com delicadeza e, finalmente, abrindo os olhos.

79. A Instalação do Canal de Cura

Depois dos *Exercícios Preliminares*, sente-se na postura de meditação. Feche os olhos. Respire profundamente, mantendo-se tranqüilo.

Visualize um tubo de luz branca e cintilante que desce do cosmos e penetra o ambiente onde você se encontra, instalando-se e ancorando-se no chão, perpassando-o e chegando ao centro da terra.

Perceba a luminosidade pura que dele se irradia em todo o ambiente. Deixe que seus raios de cura permeiem o seu corpo, atingindo as camadas mais profundas do seu ser.

Permaneça sob a influência dessa luz magnífica por alguns minutos.

Depois, em seu próprio tempo, abra os olhos e mova-se delicadamente, conservando a consciência da presença do canal de cura no seu ambiente.

Sempre que sentir necessidade, recorra ao canal de cura que você instalou.

80. A Ressonância do Canal de Cura

Sente-se na postura de meditação depois de fazer os *Exercícios Preliminares*.

Feche os olhos suavemente. Faça algumas respirações profundas pelas narinas.

Visualize um tubo de luz branca que desce do cosmos em direção a você, vestindo-o a partir da cabeça, rodeando você de uma ressonância curativa protetora. O tubo atravessa o chão e ancora-se no centro da terra, ligando Terra e Cosmos por uma ponte que é o seu ser.

Deixe que a vibração desse tubo luminoso faça soar a *sua* nota única, a *sua* contribuição ímpar através da *sua* existência.

Permaneça por alguns minutos em sintonia com essa ordem crística que é veiculada pela luz do seu canal de cura.

Depois, no seu próprio tempo, volte ao contato com o seu ambiente, movendo-se delicadamente e abrindo os olhos.

Mantenha a consciência da luz do seu canal de cura onde quer que você vá.

Recorra ao seu canal, que é o seu centro, sempre, em qualquer circunstância.

81. O Negro Multicor

Depois dos *Exercícios Preliminares*, sente-se na postura de meditação. Feche seus olhos e mantenha a respiração suave.

Visualize-se num ambiente escuro, negro como a noite. Sinta a calma que flui da perfeita escuridão.

Perceba a inteireza do seu Ser recolhido dentro de seus limites corporais.

Respire este senso de completude.

Comece a se dar conta do reflexo externo da sua realização.

Como raios espelhados, giram, em "flashes" em torno de você, luzes multicoloridas, iluminando e delineando sua aura, desvelando o magnetismo do seu estado interior.

Agradeça, no mais profundo do seu Ser, esta percepção magnífica da sua natureza essencial revelada.

Permaneça em silêncio por alguns minutos.

Faça contato com sua respiração, inspirando e expirando lenta e profundamente. Mexa as extremidades do seu corpo e abra os olhos, voltando ao ambiente.

82. A Estrada do Arco-Íris

Depois de ter praticado os *Exercícios Preliminares*, sente-se para meditar na postura apropriada. Feche os olhos tranqüilamente.

Imagine em sua tela psíquica um lugar de sonho composto por uma etérea paisagem de tons pastéis: um campo ao longe cortado por rios e estradas com faixas coloridas como as de um arco-íris.

Neste cenário suspenso, real nesse onírico mundo mágico, apreende-se a esperança como certeza íntima presente no brilho de cada cor que cintila ao sol manso e primaveril.

Coloque-se nesse lugar e respire sua brisa doce.

Permita que o ar renove seu Ser, enchendo-o de tranqüilidade e de alegria.

Olhe para seus pés e veja desenhar-se sob eles uma estrada com as cores do arco-íris, que se estende pela paisagem, delineando sutil e claramente o caminho a percorrer.

Dê-se conta da segurança que nasce de você junto com esse traçado.

Inicie o percurso com a tranqüilidade dos que sabem.

Refresque-se nos lagos que se oferecem às margens desse caminho.

Alimente-se com os frutos que abundam nas árvores desse cenário.

Sente-se e descanse.

Medite e agradeça pela bem-aventurança que provém do sentido da sua existência.

Permaneça quieto por alguns instantes, respirando o ar cintilante da felicidade e da realização interior.

Ofereça internamente este estado de paz ao Ordenador Universal.

Depois de alguns minutos, intensifique sua respiração, voltando ao contato com o ambiente. Mexa-se delicadamente e abra os olhos.

Observação: Você pode incluir pessoas que estejam necessitando de orientação interior, visualizando-as nesse cenário, delineando claramente um caminho a seguir, traçado como um arco-íris no solo. Você poderá, ainda, universalizar o sentido desta meditação, incluindo a humanidade como um todo.

VII. MEDITAÇÃO SEM FORMA

A *Meditação Sem Forma* constitui a própria essência da meditação.

Por meio do contato com o Silêncio, transpõe-se a fronteira interior que nos separa do Aberto, da plena liberdade do Espírito.

Na *Meditação Sem Forma*, não há "pérolas" emergindo na consciência, mas a arrebatadora presença do Eterno que tudo preenche.

A *Meditação Sem Forma* consiste apenas em uma única prática, diferentemente da *Meditação Temática*, que é inspirada pelo número infinito de elementos da criação e, por isso mesmo, pode ser praticada em um sem-número de exercícios.

É imprescindível que você tenha praticado uma série completa de *Reorganização Energética*, começando com os *Exercícios Preliminares* recomendados, que devem conter sempre exercícios de *Base*, de *Energização*, de *Respiração*, de *Relaxamento* e de *Interiorização*.

É só depois de ter alcançado um bom desempenho nesses exercícios que você deve realizar um exercício de *Meditação Temática*, aprofundando-se na vivência.

Uma vez concluídas essas duas etapas — *Exercícios Preliminares* e *Meditação Temática* — você pode aventurar-se na bem-aventurança dessa prática *Sem Forma*, sentando-se na postura de meditação:

Desligue sua tela psíquica.

Apague tudo.

Desfaça-se das distrações, mesmo daquelas que o inspiram ao enlevo.

Esqueça o tempo.

Esqueça o espaço.

Vá além dos fenômenos.

Transponha a esfera da manifestação.

Mergulhe no profundo Vazio
no Silêncio
na pura Luz.

Mergulhe no Incriado.
Seja Um.
Todo.

Permaneça nesse estado de consciência de perfeita serenidade por alguns minutos, ou durante o tempo em que você se sentir confortável.

Retome o contato com a respiração, sentindo o ar entrando e saindo pelas narinas.

Sinta o peso do seu corpo e a superfície em que você está sentado.

Movimente os pés, as mãos e a cabeça bem devagar. Massageie seu corpo delicadamente.

Abra seus olhos, voltando ao ambiente.

Bibliografia

AJAYA, Swami. *Psychoterapy East and West — A Unifying Paradigm*. Honesdale: Himalayan, 1985.

ASSAGIOLI, Roberto. *Psicossíntese*. São Paulo: Cultrix, 1982.

AZEVEDO, Murillo N. *O Pensamento do Extremo Oriente*. São Paulo: Pensamento, s.d.

BERTOLUCCI, Eliana. *Psicologia do Sagrado*. São Paulo: Ágora, 1991.

BESANT, Annie. *Os Mestres*. São Paulo: Pensamento, s.d.

________. *Introdução ao Yoga*. São Paulo: Pensamento, s.d.

BLAY, Antonio. *Dhyana-Yoga*. Barcelona: Cedel, 1965.

________. *Fundamento e Técnica do Hatha Yoga*. São Paulo: Loyola, 1986.

________. *Tantra Yoga*. Barcelona: Iberia, 1986.

BOADELLA, David. *Nos Caminhos de Reich*. São Paulo: Summus, 1985.

BOFF, L. e BETTO, F. *Mística e Espiritualidade*. Rio de Janeiro: Rocco, 1994.

BOHM, David. *A Totalidade e a Ordem Implicada*. São Paulo: Cultrix, 1992.

BRANDÃO, D. e CREMA, R. (org.). *O Novo Paradigma Holístico: Ciência, Filosofia, Arte e Mística*. São Paulo: Summus, 1991.

________. *Visão Holística em Psicologia e Educação*. São Paulo: Summus, 1991.

BREAUX, Charles. *Jornada Rumo à Consciência*. São Paulo: Pensamento, 1991.

BRENNAN, Barbara A. *Hands of Light*. New York: Bantam, 1988.

________. *Luz Emergente*. São Paulo: Cultrix/Pensamento, 1995.

BROSSE, Thérèse. *Conciencia-Energia*. Madri: Taurus, 1981.

BUCKE, Richard Maurice. *Cosmic Consciousness*. New York: Arkana, 1991.

CAMPBELL, Joseph. *O Poder do Mito*. São Paulo: Palas Athena, 1990.

________. *O Herói de Mil Faces*. São Paulo: Cultrix/Pensamento, 1993.

________. *As Máscaras de Deus — Mitologia Oriental*. São Paulo: Palas Athena, 1994.

CAPRA, Fritjof. *O Tao da Física*. São Paulo: Cultrix, 1987.

________. *O Ponto de Mutação*. São Paulo: Cultrix, 1987.

________. *Sabedoria Incomum*. São Paulo: Cultrix, 1990.

CAPRA, F. e STEINDL-RAST, D. *Pertencendo ao Universo*. São Paulo: Cultrix, 1993.

CREMA, Roberto. *Introdução à Visão Holística*. São Paulo: Summus, 1989.

________. *Saúde e Plenitude: um Caminho para o Ser*. São Paulo: Summus, 1995.

DAVIDSON, John. *Energia Sutil*. São Paulo: Pensamento, 1989.

DESCAMPS, M. CAZENAVE, M. e FILLOZAT, A. *Les Psychotérapies Transpersonnelles*. Lavaur: Trimégiste, 1990.

DUARTE, Cláudio. *Raja Yoga — Aforismos do Yoga*. São Paulo: Sol Nascente, s.d.

DÜRCKHEIM, Karlfried G. *Hara — O Centro Vital do Homem*. São Paulo: Pensamento, 1991.

EDINGER, Edward F. *O Arquétipo Cristão*. São Paulo: Cultrix, 1993.

________. *Ego e Arquétipo*. São Paulo: Cultrix, 1993.

ELIADE, Mircea. *El Yoga — Inmortalidad e Libertad*. México: Fondo de Cultura Económica, 1991.

EVANS-WENTZ, W.Y. *Yoga Tibetano y Doctrinas Secretas*. Buenos Aires: Kier, 1980.

FADIMAN, J. e FRAGER, R. *Teorias da Personalidade*. São Paulo: Harper e Row do Brasil, 1979.

FEINSTEIN, D. e KRIPPNER, S. *Mitologia Pessoal*. São Paulo: Cultrix, 1992.

FERGUSON, Marilyn. *A Conspiração Aquariana*. Rio de Janeiro: Record, s.d.

FEUERSTEIN, Georg. *Manual de Ioga*. São Paulo: Cultrix, 1977.

FRANZ, M. L. e HILLMAN, J. *A Tipologia de Jung*. São Paulo: Cultrix, 1993.

GHOSH, Sananda Lal. *"Mejda" — The Family and Early Life of Paramahansa Yogananda*. Los Angeles: Self-Realization Fellowship, 1980.

GERBER, Richard. *Medicina Vibracional*. São Paulo: Cultrix, 1993.

GOLEMAN, D. *A Mente Meditativa*. São Paulo: Ática, 1996.

GROF, Stanislav. *Além do Cérebro*. São Paulo: McGraw-Hill, 1987.

________. *A Mente Holotrópica*. Rio de Janeiro: Rocco, 1994.

GROF, S. e GROF, C. (org.). *Emergência Espiritual*. São Paulo: Cultrix, 1992.

GROF, S. e GROF, C. *A Tempestuosa Busca do Ser*. São Paulo: Cultrix, 1994.

GUNTHER, Bernard. *Energy Ecstasy and your Seven Vital Chakras*. North Hollywood: New Castle, 1983.

HERMÓGENES, José. *Autoperfeição com Hatha Yoga*. 30ª ed., Rio de Janeiro: Record, s.d.

______. *Yoga para Nervosos*. 20ª ed., Rio de Janeiro: Record, s.d.

______. *Saúde Plena: Yogaterapia*. Rio de Janeiro: Record, 1992.

HOUSTON, Jean. *A Busca do Ser Amado. A Psicologia do Sagrado*. São Paulo: Cultrix, 1994.

HUARD, P. e WONG, L. *Cuidados e Técnicas do Corpo na China, no Japão e na Índia*. São Paulo: Summus, 1990.

HUMPHREY, Naomi. *Meditação — O Caminho Interior*. São Paulo: Ground, 1989.

HUXLEY, Aldous. *A Filosofia Perene*. São Paulo: Cultrix, 1991.

IYENGAR, B.K.S. *A Luz da Ioga*. São Paulo: Cultrix, 1986.

JAMES, William. *As Variedades da Experiência Religiosa*. São Paulo: Cultrix, 1991.

JOHARI, Harish. *Chakras — Centros Energéticos de Transformação*. Rio de Janeiro: Bertrand Brasil, 1990.

JUNG, Carl G. *Aion — Estudos sobre o Simbolismo do Si-Mesmo*. Petrópolis: Vozes, 1982.

______. *Memórias, Sonhos e Reflexões*. Rio de Janeiro: Nova Fronteira, 1983.

______. *Psicologia e Religião*. Petrópolis: Vozes, 1987.

JUNG, Carl G. *Resposta a Jó*. Petrópolis: Vozes, 1990.

______. *Psicologia do Inconsciente*. Petrópolis: Vozes, 1993.

______. *O Eu e o Inconsciente*. Petrópolis: Vozes, 1994.

KARAGULLA, S. e KUNZ, D. *Os Chakras e os Campos de Energia Humanos*. São Paulo: Pensamento, 1991.

KELEMAN, Stanley. *Anatomia Emocional*. São Paulo: Summus, 1992.

KILNER, Walter J. *A Aura Humana*. São Paulo: Pensamento, 1990.

KUHN, Thomas S. *A Estrutura das Revoluções Científicas*. São Paulo: Perspectiva, 1975.

KUVALAYANANDA, Swami. *Asanas*. São Paulo: Cultrix, 1987.

LANSDOWNE, Zachary F. *Chakras e a Cura Esotérica*. São Paulo: Rocco, 1991.

LEADBEATER, C. W. *Os Chakras*. São Paulo: Pensamento, 1981.

LELOUP, J. — Y. *Caminhos da Realização*. Petrópolis: Vozes, 1996.

______. *Cuidar do Ser*. Petrópolis: Vozes, 1996.

LEMKOW, A.F. *O Princípio da Totalidade*. São Paulo: Aquariana, 1992.

LORENZ, Francisco V. (trad.). *Bhagavad-Gītā. A Mensagem do Mestre.* São Paulo: Pensamento, 1987.

LOWEN, Alexander. *Bionergética.* São Paulo: Summus, 1982.

________. *A Espiritualidade do Corpo.* São Paulo: Cultrix, 1991.

LOWEN, A. e LOWEN, L. *Exercícios de Bionergética.* São Paulo: Ágora, 1985.

MANN, William E. *Orgônio, Reich e Eros.* São Paulo: Summus, 1989.

MATA, Sri Daya. *Only Love.* Los Angeles: Self-Realization Fellowship, 1976.

MINDELL, Arnold. *O Corpo Onírico.* São Paulo: Summus, 1989.

MOTOYAMA, Hiroshi. *Teoria dos Chakras.* São Paulo: Pensamento, 1988.

NARANJO, Cláudio. *Psicologia da Meditação.* São Paulo: Instituto Thome, 1991.

NEEDLEMAN, Jacob (org.) *No Caminho do Autoconhecimento.* São Paulo: Pioneira, 1982.

NOVAK, J. *O Essencial sobre Meditação.* São Paulo: Pensamento, 1995.

OUSPENSKY, P. D. *Psicologia da Evolução Possível ao Homem.* São Paulo: Pensamento, s.d.

PIERRAKOS, John C. *Energética da Essência.* São Paulo: Pensamento, 1993.

PRABHAVANANDA, S. e MANCHESTER, F. (trad.). *Upanishads — Sopro Vital do Eterno.* São Paulo: Pensamento, 1987.

PRABHAVANANDA, S. e ISHERWOOD (trad.). *Como Conhecer Deus — Aforismos Iogues de Patanjali.* São Paulo: Pensamento, 1988.

________, (trad.). *Bhagavad Gītā: A Canção do Senhor.* São Paulo: Shakti, 1994.

PREMANANDA, Swami. *Luz sobre Kriya Yoga.* São Paulo: Ícone, 1993.

RAMA, S.; BALLENTINE, R. e AJAYA, S. *Yoga and Psychotherapy — The Evolution of Consciousness.* Honesdale: Himalayan, 1981.

RAMACHARACA, Yogue. *As Doutrinas Esotéricas das Filosofias e Religiões da Índia.* São Paulo: Pensamento, 1978.

________. *Ciência Hindu-Yogue da Respiração.* São Paulo: Pensamento, s.d.

________. *Hatha Yoga ou Filosofia Yogue do Bem-Estar Físico.* São Paulo: Pensamento, s.d.

________. *A Ciência da Cura Psíquica.* São Paulo: Pensamento, s.d.

________. *Raja Yoga. Lições sobre o Desenvolvimento Mental.* São Paulo: Pensamento, s.d.

RAMOS, Denise G. *A Psique do Corpo.* São Paulo: Summus, 1994.

________. *A Psique do Coração.* São Paulo: Cultrix, 1995.

REICH, Wilhelm. *A Função do Orgasmo.* São Paulo: Brasiliense, 1990.

ROHDEN, Huberto. *O Espírito da Filosofia Oriental*. Rio de Janeiro: Freitas Bastos, 1960.

_______. Cosmoterapia — A Cura dos Males Humanos pela Consciência Cósmica. São Paulo: Alvorada, s.d.

SANDOR, Petho e outros. *Técnicas de Relaxamento*. São Paulo: Vetor, 1982.

SARAYDARIAN, H. *Meditação — Caminho da Auto-Realização*. São Paulo: Pensamento, 1994.

SATYANANDA, Paramahansa. *Yoga Nidra*. Brasília: Thesaurus, s.d.

SHANKARA, Swami. *A Jóia Suprema do Discernimento*. São Paulo: Pensamento, 1992.

SIVANANDA, Swami. *A Ciência do Pranayama*. São Paulo: Pensamento, 1986.

SMITH, Huston. *The World's Religions*. New York: Harper Collins, 1991.

SMITH, Pam. *Meditação: um Repertório de Técnicas*. Rio de Janeiro: Rocco, 1992.

SOUSA, Walter. *O Novo Paradigma — A Ciência à Procura da Verdadeira Luz*. São Paulo: Cultrix, 1993.

SOUZA FILHO, Clovis C. *Introdução à Psicologia Tibetana*. Petrópolis: Vozes, 1982.

SWIMME, Brian. *O Universo é um Dragão Verde*. São Paulo: Cultrix, 1991.

TAIMNI, I.K. *A Ciência do Yoga*. Brasília: Teosófica, 1996.

TANSLEY, David U. *Chakras, Raios e Radiônica*. São Paulo: Pensamento, 1991.

TAVARES, Clotilde. *Iniciação à Visão Holística*. Rio de Janeiro: Record, 1993.

TOBEN, B. e WOLF, F.A. *Espaço-Tempo e Além — Rumo a uma Explicação do Inexplicável*. São Paulo: Cultrix, 1988.

VAUGHAN, Frances. *Novas Dimensões da Cura Espiritual*. São Paulo: Cultrix/Pensamento, 1992.

VIVEKANANDA, Swami. *Quatro Yogas de Auto-Realização*. São Paulo: Pensamento, s.d.

WALSH, Roger N. *O Espírito do Xamanismo*. São Paulo: Saraiva, 1993.

WALSH, R.N. e VAUGHAN, F. (orgs.). *Além do Ego*. São Paulo: Cultrix/Pensamento, 1991.

WALTERS, D. *A Essência da Auto-Realização*. São Paulo: Pensamento, 1995.

WAPNICK, K. e outros. *Experiência Cósmica e Psicose*. Petrópolis: Vozes, 1991.

WEIL, Pierre. *A Consciência Cósmica*. Petrópolis: Vozes, 1982.

_______. *As Fronteiras da Regressão.* Petrópolis: Vozes, 1982.
_______. *Fronteiras da Evolução e da Morte.* Petrópolis: Vozes, 1983.
_______. *Sementes para uma Nova Era.* Petrópolis: Vozes, 1986.
_______. *A Neurose do Paraíso Perdido.* Rio de Janeiro: Espaço e Tempo/CEPA, 1987.
_______. *Nova Linguagem Holística.* Rio de Janeiro: Espaço e Tempo/CEPA, 1987.
_______. *Holística: Uma Nova Visão e Abordagem do Real.* São Paulo: Palas Athena, 1990.
_______. *Organizações e Tecnologias para o Terceiro Milênio.* Rio de Janeiro: Rosa dos Tempos, 1991.
_______. *A Nova Ética.* Rio de Janeiro: Rosa dos Tempos, 1993.
_______. *A Arte de Viver em Paz.* São Paulo: Gente, 1993.
_______. *Antologia do Êxtase.* São Paulo: Palas Athena, 1993.
_______. *A Morte da Morte.* São Paulo: Gente, 1995.
WEIL, P. e outros. *Cartografia da Consciência Humana.* Petrópolis: Vozes, 1978.
_______. *Mística e Ciência.* Petrópolis: Vozes, 1991.
WHITE, John (org.). *O Mais Elevado Estado da Consciência.* São Paulo: Cultrix/Pensamento, 1993.
WHITE, John (org.). *Iluminação Interior — Razão de Ser do Caminho Espiritual.* São Paulo: Cultrix, 1993.
WHITMONT, Edward C. A. *A Busca do Símbolo.* São Paulo: Cultrix, 1991.
WILBER, Ken. *Um Deus Social.* São Paulo: Cultrix, 1988.
WILBER, Ken. *The Atman Project.* Wheaton: The Theosophical, 1989.
_______. *Eye to Eye - The Quest for the New Paradigm.* Boston: Shambhala, 1990.
_______. *O Espectro da Consciência.* São Paulo: Cultrix, 1990.
_______. *A Consciência sem Fronteiras.* São Paulo: Cultrix, 1991.
WILBER, Ken (org.). *O Paradigma Holográfico.* São Paulo: Cultrix, 1991.
WILBER, K., ENGLER, J. e BROWN, D. *Transformations of Consciousness.* Boston: Shambhala, 1986.
YOGANANDA, Paramahansa. *Cosmic Chants.* Los Angeles: Self-Realizations Fellowship, 1974.
_______. *La Ciencia de la Religion.* Buenos Aires: Kier, 1975.
_______. *Man's Eternal Quest.* Los Angeles: Self-Realization Fellowship, 1975.
_______. *Meditaciones Metafisicas.* Buenos Aires: Kier, 1978.
YOGANANDA, Paramahansa. *La Ley del Exito.* Buenos Aires: Kier, 1978.
_______. *Máximas de Yogananda.* Buenos Aires: Kier, 1980.

_______. *Autobiografia de um Iogue*. São Paulo: Summus, 1981.

_______. *Afirmaciones Científicas para la Curación*. Buenos Aires: Kier, 1985.

_______. *Whispers from Eternity*. Los Angeles: Self-Realization Fellowship, 1986.

_______. *Where there is Light*. Los Angeles: Self-Realization Fellowship, 1989.

_______. *The Divine Romance*. Los Angeles: Self-Realization Fellowship, 1992.

YUKTESWAR, Swami Sri. *The Holy Science*. Los Angeles: Self-Realization Fellowship, 1977.

ZIMMER, Heinrich. *Filosofias da Índia*. São Paulo: Palas Athena, 1986.

_______. *Mitos e Símbolos na Arte e Civilização da Índia*. São Paulo: Palas Athena, 1989.

ZUKAV, Gary. *A Dança dos Mestres Wu Li*. São Paulo: Cultura Espiritual, 1989.

OUTRAS PUBLICAÇÕES

Pictorial History of Self-Realization Fellowship. Los Angeles: S.R.F., 1982.

Paramahansa Yogananda — In Memorian. Los Angeles: S.R.F., 1976.

Self-Realization — A Magazine Devoted to Healing of Body, Mind and Soul. Los Angeles: S.R.F.

The Journal of Transpersonal Psychology. Stanford: Association for Transpersonal Psychology.

APÊNDICE

ANEXO I

Classificação das Meditações Temáticas – quanto à atuação nos diferentes níveis da realidade psíquica multidimensional

Esta classificação, mencionada no início do livro, pretende servir de guia para o leitor que já tenha familiaridade com algum dos mapas da consciência aqui referidos, indicando a ênfase que cada exercício tende a proporcionar no trabalho de autotransformação.

É importante ressaltar que a influência de um exercício expande-se por todo o campo da consciência multidimensional, colocando-o em movimento, e, por isso mesmo, não se restringindo a um nível apenas, embora isto não esteja especificado na análise.

As cartografias do espaço interior utilizadas na análise das Meditações Temáticas com o objetivo de classificá-las funcionam como "crivos" para a leitura da realidade psíquica: diferentes recortes ou abordagens de um mesmo fenômeno.

Justamente por oferecerem enfoques que diferem entre si — aspectos e ângulos diferentes – é interessante considerar as leituras permitidas pelos diferentes mapas da realidade multidimensional em seu conjunto.

As referências às cartografias da consciência citadas em nossa análise encontram-se nas seguintes obras:

1. *Um Deus Social e Psicologia Integral*, de Ken Wilber — sobre os níveis da hierarquia do Desenvolvimento da Consciência;

2. *Saúde e Plenitude* de Roberto Crema sobre as dimensões do inconsciente segundo Fílon e os Terapeutas de Alexandria;
3. *Mãos de Luz* e *Luz Emergente* de Barbara Ann Brennan sobre as dimensões da energia criativa na cura.

As referências aos processos de ampliação da consciência aqui considerados – transudação, transmutação, transformação e transfiguração – encontram-se expostas no Anexo II.

Uma síntese dos conceitos expressos nas categorias de classificação utilizadas nos *Quadros* encontra-se no final deste *Anexo*.

QUADROS CLASSIFICATÓRIOS

QUADRO 1

PANORAMA GERAL DAS MEDITAÇÕES TEMÁTICAS

Níveis da Consciência segundo as Cartografias de Wilber, Fílon e das Dimensões da Energia Criativa

MEDITAÇÃO TEMÁTICA	NÍVEIS			PROCESSO
	WILBER	FÍLON	ENERGIA	
1. A Flauta	psíquico/sutil	self/o criador	canal	Transformação
2. A Taça	psíquico/sutil	self/o criador	5º/6º/canal/ campo áurico geral	Transformação
3. O Cálice	psíquico/sutil	self	6º/7º/canal/ campo áurico geral	Transformação
4. O Graal	psíquico/sutil	self/coletivo	1º/2º/4º/6º/7º tan tien/ campo áurico geral	Transformação
5. O Sol Interno	psíquico/sutil	angelical	4º/campo áurico geral	Transmutação/ Transformação
6. O Corpo do Universo	psíquico/sutil	cósmico	4º/7º/campo áurico geral	Transmutação/ Transformação
7. A Dança da Energia	psíquico	cósmico	1º/2º/6º	Transformação
8. O Banho de Luz	psíquico	cósmico/ angelical	1º a 7º/campo áurico geral	Transmutação/ Transformação
9. O Ostensório Vivo	psíquico	angelical/self	4º/6º/campo áurico geral	Transmutação/ Transformação
10. A Onda e o Mar	psíquico/sutil	cósmico	campo áurico geral	Transmutação/ Transformação
11. A Árvore	psíquico	cósmico	1º/7º/canal/ tan tien	Transformação
12. As Árvores e o Vento	racional/ psíquico	cósmico	3º/6º	Transudação/ Transmutação
13. A Chama Interior	psíquico	angelical	4º/campo áurico geral	Transformação

MEDITAÇÃO TEMÁTICA	NÍVEIS WILBER	 FÍLON	 ENERGIA	PROCESSO
14. O Coração	psíquico	cósmico	1º/4º/ campo áurico geral	Transformação
15. A Estrela Polar	psíquico	cósmico/ angelical	6º/campo áurico geral	Transformação
16. O Caminho no Mar	psíquico	cósmico/ angelical	6º/7º/campo áurico geral	Transformação
17. Os Fios que Sustentam a Vida	psíquico	cósmico/ angelical/self	1º/2º/4º/6º/7º canal/tan tien	Transmutação
18. O Cristal	psíquico	cósmico/ angelical	6º/7º/canal/ tan tien/campo áurico geral	Transformação
19. A Flor	psíquico	cósmico	4º	Transmutação/ Transformação
20. Oração do Incenso	psíquico/sutil	self	4º/5º/6º/ sede da alma	Transmutação/ Transformação
21. O Anjo do Cristal	psíquico/sutil	angelical	4º/6º/campo áurico geral	Transmutação/ Transformação
22. O Anjo da Árvore	psíquico/sutil	cósmico/ angelical	canal/campo áurico geral	Transformação
23. Banhos de Luz no Cristal	psíquico	angelical	1º a 7º/canal/ campo áurico geral	Transformação
24. A Montanha	psíquico	cósmico	1º/6º/7º/ tan tien	Transmutação/ Transformação
25. O Céu	psíquico	cósmico	5º/campo áurico geral	Transmutação/ Transformação
26. O Rio	psíquico	cósmico	5º/campo áurico geral	Transmutação/ Transformação
27. Meditação do Pôr-do-Sol	psíquico	cósmico/ angelical	4º/7º/campo áurico geral	Transformação
28. Meditação da Alvorada	psíquico	cósmico/ angelical	6º/campo áurico geral	Transformação
29. União do Sol e da Lua	racional/ psíquico	coletivo/ cósmico	3º/6º	Transudação/ Transmutação
30. A Estrela	psíquico	coletivo/ cósmico/ angelical/ self	1º a 7º	Transudação/ Transformação

MEDITAÇÃO TEMÁTICA	NÍVEIS			PROCESSO
	WILBER	FÍLON	ENERGIA	
31. A Cruz	psíquico	coletivo/ angelical/self	canal	Transmutação/ Transformação
32. O Quartzo Rosa	psíquico	cósmico/ angelical	4º/campo áurico geral	Transformação
33. O Campo de Trigo	racional/ psíquico	cósmico	2º/3º	Transudação/ Transmutação
34. OM	psíquico/sutil	angelical/self	4º a 7º/ campo áurico geral	Transformação
35. A Aura Verde-Rosa	psíquico	angelical	4º/campo áurico geral	Transformação
36. A Aura Branca	psíquico	angelical	campo áurico geral	Transformação
37. O Sol da Individualidade	psíquico	angelical/self	ponto da individualidade/ campo áurico geral	Transformação
38. A Luz Branca	psíquico	angelical/self	campo áurico geral	Transformação*
39. A Luz Dourada	psíquico/sutil	angelical/self	campo áurico geral	Transformação
40. A Esfera Azul	psíquico	angelical	3º/6º/campo áurico geral	Transformação
41. A Aura Azul-Branco-Ouro	psíquico	angelical	6º/7º/campo áurico geral	Transformação
42. A Fonte de Luz	psíquico/sutil	angelical/self	4º/campo áurico geral	Transmutação/ Transformação
43. O Ponto de Luz	psíquico	angelical	1º a 7º/ponto da individualidade/ canal	Transformação
44. Do Grão de Areia ao Milagre da Pérola	racional/ psíquico	cósmico	1º a 6º	Transudação/ Transformação
45. A Pérola	psíquico	cósmico/ angelical	4º/6º/7º/ campo áurico geral	Transformação

MEDITAÇÃO TEMÁTICA	NÍVEIS			PROCESSO
	WILBER	FÍLON	ENERGIA	
46. O Planeta Terra	psíquico	cósmico/ angelical	4º/6º/ campo áurico geral	Transformação
47. O Cavalo do Arco-Íris	psíquico	cósmico/ angelical	4º/campo áurico geral	Transmutação
48. O Leão Alado	psíquico	coletivo/ cósmico/ angelical	4º/7º/ campo áurico geral	Transformação
49. O Vôo dos Pássaros	racional/ psíquico	cósmico	3º/5º/6º	Transudação/ Transmutação
50. A Pluma	racional/ psíquico	cósmico	1º/3º/5º/6º	Transudação/ Transmutação
51. A Espiral	psíquico	cósmico/angelical/self	1º a 7º/ canal	Transmutação/ Transformação
52. Ondas de Impermanência	racional/ psíquico	cósmico	3º/ 6º/ campo áurico geral	Transudação/ Transmutação
53. O Lago	psíquico	cósmico/ angelical	6º/7º	Transmutação
54. O Templo	psíquico/sutil	cósmico/ angelical/self	campo áurico geral	Transformação
55. O Livro da Sabedoria	psíquico	coletivo/self	4º/5º/6º/ canal/ campo áurico geral	Transformação
56. O Barco	racional/ psíquico	pessoal/coletivo/cósmico/angelical	3º/6º	Transudação/ Transmutação
57. A Integração das Fases da Vida	racional/ psíquico	pessoal/ angelical	2º/3º/4º/6º/ canal/campo áurico geral	Transudação/ Transmutação
58. O Som do Oceano	psíquico/sutil	cósmico/ angelical/self	5º/6º/ campo áurico geral	Transformação
59. O Cristal de Duas Pontas	psíquico	cósmico/ angelical/self	1º a 7º/ canal/ campo áurico geral	Transmutação Transformação
60. A Gruta na Grande Árvore	psíquico	cósmico	1º a 7º/ canal/ tan tien	Transformação
61. A Alameda das Flores	psíquico	cósmico	1º a 7º/ campo áurico geral	Transformação
62. Flores Perfumadas	racional/ psíquico	pessoal/coletivo/cósmico	3º/6º/ campo áurico geral	Transudação/ Transmutação

MEDITAÇÃO TEMÁTICA	NÍVEIS			PROCESSO
	WILBER	FÍLON	ENERGIA	
63. O Campo Holográfico	psíquico	cósmico/ angelical	campo áurico geral	Transformação
64. "Eu Sou Ele"	psíquico/sutil	angelical/ self/criador	6º/7º/campo áurico geral	Transformação
65. O Tapete Oriental	psíquico/sutil	coletivo/ cósmico/ angelical	6º/ canal/ tan tien/ campo áurico geral	Transformação
66. O Canto no Mosteiro	psíquico/sutil	angelical/self/ criador	4º a 7º/campo áurico geral	Transformação
67. A Oração ao Sol	psíquico/sutil	cósmico/ angelical	4º a 7º/ campo áurico geral	Transformação
68. A Congrega-ção Angélica	psíquico/sutil	angelical/self	4º/ campo áurico geral	Transformação
69. A Identificação com o Divino	psíquico/sutil	angelical/self	4º/ 6º/campo áurico geral	Transformação
70. A Celebração dos Golfinhos	psíquico	cósmico	1º/2º/4º/5º/6º campo áurico geral	Transmutação
71. A Borboleta	psíquico	cósmico	campo áurico geral	Transmutação
72. A Lagoa Verde	psíquico	cósmico/ angelical	4º/ 7º/campo áurico geral	Transmutação
73. A Mina de Diamante	psíquico	pessoal/ coletivo/ cósmico/ angelical/self	4º/ 6º/ 7º/ campo áurico geral	Transmutação
74. O Centro	psíquico	coletivo/ angelical/self	campo áurico geral/estrela do âmago	Transformação
75. O Rosto do Sagrado	psíquico/sutil	coletivo/ angelical	6º/7º/campo áurico geral	Transformação*
76. Alegoria da Super-consciência	psíquico	angelical	4º/7º/estrela do âmago/ campo áurico geral	Transformação
77. Um Tesouro no Fundo do Mar	psíquico	coletivo/ cósmico	6º/campo áurico geral	Transformação
78. A Bolha de Sabão	racional/ psíquico	pessoal/ angelical	2º/3º/campo áurico geral	Transudação Transmutação

MEDITAÇÃO TEMÁTICA	NÍVEIS WILBER	FÍLON	ENERGIA	PROCESSO
79. A Instalação do Canal de Cura	sutil	angelical	ponto da individualidade/ canal	Transformação
80. A Ressonância do Canal de Cura	sutil	angelical	7º/canal	Transformação
81. O Negro Multicor	psíquico	self	campo áurico geral	Transformação
82. A Estrada do Arco-Íris	sutil	angelical	1º/ 4º/ 6º/ campo áurico geral	Transformação

* Chegando a tocar a transfiguração.

QUADRO 2
MEDITAÇÕES TEMÁTICAS

Classificação segundo os Níveis da Hierarquia do Desenvolvimento da Consciência propostos por Ken Wilber

Nomes das Meditações Temáticas	NÍVEIS			
	Racional	**Psíquico**	**Sutil**	**Causal**
1. A Flauta		•	•	
2. A Taça		•	•	
3. O Cálice		•	•	
4. O Graal		•	•	
5. O Sol Interno		•	•	
6. O Corpo do Universo		•	•	
7. A Dança da Energia		•		
8. O Banho de Luz		•		
9. O Ostensório Vivo		•		
10. A Onda e o Mar		•	•	
11. A Árvore		•		
12. As Árvores e o Vento	•	•		
13. A Chama Interior		•		
14. O Coração		•		
15. A Estrela Polar		•		
16. O Caminho no Mar		•		
17. Os Fios que Sustentam a Vida		•		
18. O Cristal		•		
19. A Flor		•		
20. Oração do Incenso		•	•	
21. O Anjo do Cristal		•	•	
22. O Anjo da Árvore		•	•	
23. Banhos de Luz no Cristal		•		
24. A Montanha		•		
25. O Céu		•		
26. O Rio		•		

Nomes das Meditações Temáticas	NÍVEIS			
	Racional	**Psíquico**	**Sutil**	**Causal**
27. Meditação do Pôr-do-Sol		•		
28. Meditação da Alvorada		•		
29. União do Sol e da Lua	•	•		
30. A Estrela		•		
31. A Cruz		•		
32. O Quartzo Rosa		•		
33. O Campo de Trigo	•	•		
34. OM		•	•	
35. A Aura Verde-Rosa		•		
36. A Aura Branca		•		
37. O Sol da Individualidade		•		
38. A Luz Branca		•		
39. A Luz Dourada		•	•	
40. A Esfera Azul		•		
41. A Aura Azul-Branco-Ouro		•		
42. A Fonte de Luz		•	•	
43. O Ponto de Luz		•		
44. Do Grão de Areia ao Milagre da Pérola	•	•		
45. A Pérola		•		
46. O Planeta Terra		•		
47. O Cavalo do Arco-Íris		•		
48. O Leão Alado		•		
49. O Vôo dos Pássaros	•	•		
50. A Pluma	•	•		
51. A Espiral		•		
52. Ondas de Impermanência	•	•		
53. O Lago		•		
54. O Templo		•	•	
55. O Livro da Sabedoria		•		
56. O Barco	•	•		
57. A Integração das Fases da Vida	•	•		
58. O Som do Oceano		•	•	

	NÍVEIS			
Nomes das Meditações Temáticas	**Racional**	**Psíquico**	**Sutil**	**Causal**
59. O Cristal de Duas Pontas		•		
60. A Gruta na Grande Árvore		•		
61. A Alameda das Flores		•		
62. Flores Perfumadas	•	•		
63. O Campo Holográfico		•		
64. "Eu Sou Ele"		•	•	
65. O Tapete Oriental		•	•	
66. O Canto no Mosteiro		•	•	
67. A Oração ao Sol		•	•	
68. A Congregação Angélica		•	•	
69. A Identificação com o Divino		•	•	
70. A Celebração dos Golfinhos		•		
71. A Borboleta		•		
72. A Lagoa Verde		•		
73. A Mina de Diamante		•		
74. O Centro		•		
75. O Rosto do Sagrado		•	•	
76. Alegoria da Superconsciência		•		
77. Um Tesouro no Fundo do Mar		•		
78. A Bolha de Sabão	•	•		
79. A Instalação do Canal de Cura			•	
80. A Ressonância do Canal de Cura			•	
81. O Negro Multicor		•		
82. A Estrada do Arco-Íris			•	

QUADRO 3
MEDITAÇÕES TEMÁTICAS

Classificação segundo os Níveis da Consciência propostos por Fílon de Alexandria

MEDITAÇÕES TEMÁTICAS	NÍVEIS								
	Pessoal	**Familiar**	**Parasita**	**Coletivo**	**Cósmico**	**Angelical**	**Self**	**Criador**	**Aberto**
1. A Flauta							•	•	
2. A Taça							•	•	
3. O Cálice							•		
4. O Graal				•			•		
5. O Sol Interno						•			
6. O Corpo do Universo					•				
7. A Dança da Energia					•				
8. O Banho de Luz					•	•			
9. O Ostensório Vivo						•	•		
10. A Onda e o Mar					•				
11. A Árvore					•				
12. As Árvores e o Vento					•				
13. A Chama Interior						•			
14. O Coração					•				
15. A Estrela Polar					•	•			
16. O Caminho no Mar					•	•			
17. Os Fios que Sustentam a Vida					•	•	•		
18. O Cristal					•	•			
19. A Flor					•				

MEDITAÇÕES TEMÁTICAS	NÍVEIS								
	Pessoal	**Familiar**	**Parasita**	**Coletivo**	**Cósmico**	**Angelical**	**Self**	**Criador**	**Aberto**
20. Oração do Incenso							•		
21. O Anjo do Cristal						•			
22. O Anjo da Árvore					•	•			
23. Banhos de Luz no Cristal						•			
24. A Montanha					•				
25. O Céu					•				
26. O Rio					•				
27. Meditação do Pôr-do-Sol					•	•			
28. Meditação da Alvorada					•	•			
29. União do Sol e da Lua				•	•				
30. A Estrela				•	•	•	•		
31. A Cruz				•		•	•		
32. O Quartzo Rosa					•	•			
33. O Campo de Trigo					•				
34. OM						•	•		
35. A Aura Verde-Rosa						•			
36. A Aura Branca						•			
37. O Sol da Individualidade						•	•		
38. A Luz Branca						•	•		
39. A Luz Dourada						•	•		
40. A Esfera Azul						•			
41. A Aura Azul-Branco-Ouro						•			
42. A Fonte de Luz						•	•		

MEDITAÇÕES TEMÁTICAS	NÍVEIS								
	Pessoal	Familiar	Parasita	Coletivo	Cósmico	Angelical	Self	Criador	Aberto
43. O Ponto de Luz						•			
44. Do Grão de Areia ao Milagre da Pérola					•				
45. A Pérola					•	•			
46. O Planeta Terra					•	•			
47. O Cavalo do Arco-Íris					•	•			
48. O Leão Alado				•	•	•			
49. O Vôo dos Pássaros					•				
50. A Pluma					•				
51. A Espiral					•	•	•		
52. Ondas de Impermanência					•				
53. O Lago					•	•			
54. O Templo					•	•	•		
55. O Livro da Sabedoria				•			•		
56. O Barco	•			•	•	•			
57. A Integração das Fases da Vida	•					•			
58. O Som do Oceano					•	•	•		
59. O Cristal de Duas Pontas					•	•	•		
60. A Gruta na Grande Árvore					•				
61. A Alameda das Flores					•				
62. Flores Perfumadas	•			•	•				
63. O Campo Holográfico					•	•			
64. "Eu Sou Ele"						•	•	•	
65. O Tapete Oriental				•	•	•	•		
66. O Canto no Mosteiro						•	•	•	

MEDITAÇÕES TEMÁTICAS	NÍVEIS								
	Pessoal	**Familiar**	**Parasita**	**Coletivo**	**Cósmico**	**Angelical**	**Self**	**Criador**	**Aberto**
67. A Oração ao Sol					•	•			
68. A Congregação Angélica						•	•		
69. A Identificação com o Divino						•	•		
70. A Celebração dos Golfinhos					•				
71 A Borboleta					•				
72. A Lagoa Verde					•	•			
73. A Mina de Diamante	•			•	•	•	•		
74. O Centro				•		•	•		
75. O Rosto do Sagrado				•		•			
76. Alegoria da Superconsciência						•			
77. Um Tesouro no Fundo do Mar				•	•				
78. A Bolha de Sabão	•					•			
79. A Instalação do Canal de Cura						•			
80. A Ressonância do Canal de Cura						•			
81 O Negro Multicor							•		
82. A Estrada do Arco-Íris						•			

QUADRO 4
MEDITAÇÕES TEMÁTICAS

Classificação segundo os Níveis de Consciência nas Dimensões da Energia Criativa

MEDITAÇÕES TEMÁTICAS	NÍVEIS / DIMENSÕES												
	Chakras							Campo Áurico Geral	Canal da Inten-ciona-lidade	Ponto da Indivi-duali-dade	Sede da Alma	Tan Tien	Estrela do Âmago
	1º	2º	3º	4º	5º	6º	7º						
1. A Flauta									•				
2. A Taça					•	•		•	•				
3. O Cálice						•	•	•	•				
4. O Graal	•	•		•		•	•	•				•	
5. O Sol Interno				•				•					
6. O Corpo do Universo				•			•	•					
7. A Dança da Energia	•	•				•							
8. O Banho de Luz	•	•	•	•	•	•	•	•					
9. O Ostensório Vivo				•		•		•					
10. A Onda e o Mar								•					
11. A Árvore	•						•		•			•	
12. As Árvores e o Vento			•			•							
13. A Chama Interior				•				•					
14. O Coração	•			•				•					
15. A Estrela Polar						•		•					
16. O Caminho no Mar						•	•	•					
17. Os Fios que Sustentam a Vida	•	•		•		•	•		•			•	
18. O Cristal						•	•	•	•			•	

MEDITAÇÕES TEMÁTICAS	NÍVEIS / DIMENSÕES													
	Chakras													
	1º	2º	3º	4º	5º	6º	7º	Campo Áurico Geral	Canal da Intencionalidade	Ponto da Individualidade	Sede da Alma	Tan Tien	Estrela do Âmago
19. A Flor				•									
20. Oração do Incenso				•	•	•					•		
21. O Anjo do Cristal				•		•		•					
22. O Anjo da Árvore								•	•				
23. Banhos de Luz no Cristal	•	•	•	•	•	•	•	•	•				
24. A Montanha	•					•	•					•	
25. O Céu					•			•					
26. O Rio					•			•					
27. Meditação do Pôr-do-Sol				•			•	•					
28. Meditação da Alvorada						•		•					
29. União do Sol e da Lua			•			•							
30. A Estrela	•	•	•	•	•	•	•						
31. A Cruz									•				
32. O Quartzo Rosa				•				•					
33. O Campo de Trigo		•	•										
34. OM				•	•	•	•	•					
35. A Aura Verde-Rosa				•				•					
36. A Aura Branca								•					
37. O Sol da Individualidade								•		•			
38. A Luz Branca								•					
39. A Luz Dourada								•					
40. A Esfera Azul			•			•		•					
41. A Aura Azul-Branco-Ouro						•	•	•					

MEDITAÇÕES TEMÁTICAS	NÍVEIS / DIMENSÕES												
	Chakras												
	1º	2º	3º	4º	5º	6º	7º	Campo Áurico Geral	Canal da Inten-ciona-lidade	Ponto da Indivi-duali-dade	Sede da Alma	Tan Tien	Estrela do Âmago
42. A Fonte de Luz				•				•					
43. O Ponto de Luz	•	•	•	•	•	•	•		•	•			
44. Do Grão de Areia ao Milagre da Pérola	•	•	•	•	•	•							
45. A Pérola				•		•	•	•					
46. O Planeta Terra				•		•		•					
47. O Cavalo do Arco-Íris				•				•					
48. O Leão Alado				•			•	•					
49. O Vôo dos Pássaros			•		•	•							
50. A Pluma	•		•		•	•							
51. A Espiral	•	•	•	•	•	•	•		•				
52. Ondas de Impermanência			•			•		•					
53. O Lago						•	•						
54. O Templo								•					
55. O Livro da Sabedoria					•	•	•	•	•				
56. O Barco			•			•							
57. A Integração das Fases da Vida		•	•	•		•		•	•				
58. O Som do Oceano					•	•		•					
59. O Cristal de Duas Pontas	•	•	•	•	•	•	•	•	•				
60. A Gruta na Grande Árvore	•	•	•	•	•	•	•		•			•	
61. A Alameda das Flores	•	•	•	•	•	•	•	•					
62. Flores Perfumadas			•			•		•					

MEDITAÇÕES TEMÁTICAS	NÍVEIS / DIMENSÕES												
	Chakras												
	1º	2º	3º	4º	5º	6º	7º	Campo Áurico Geral	Canal da Intencionalidade	Ponto da Individualidade	Sede da Alma	Tan Tien	Estrela do Âmago
63. O Campo Holográfico								•					
64. "Eu Sou Ele"						•	•	•					
65. O Tapete Oriental						•		•	•			•	
66. O Canto no Mosteiro				•	•	•	•	•					
67. A Oração ao Sol				•	•	•	•	•					
68. A Congregação Angélica				•				•					
69. A Identificação com o Divino				•		•		•					
70. A Celebração dos Golfinhos	•	•		•	•	•		•					
71. A Borboleta								•					
72. A Lagoa Verde				•			•	•					
73. A Mina de Diamante				•		•	•	•					
74. O Centro								•					•
75. O Rosto do Sagrado						•	•	•					
76. Alegoria da Superconsciência				•			•	•					•
77. Um Tesouro no Fundo do Mar						•		•					
78. A Bolha de Sabão		•	•					•					
79. A Instalação do Canal de Cura									•	•			
80. A Ressonância do Canal de Cura							•		•				

MEDITAÇÕES TEMÁTICAS	NÍVEIS / DIMENSÕES												
	Chakras												
	1º	2º	3º	4º	5º	6º	7º	Campo Áurico Geral	Canal da Intencionalidade	Ponto da Individualidade	Sede da Alma	Tan Tien	Estrela do Âmago
81. O Negro Multicor								•					
82. A Estrada do Arco-Íris	•			•		•		•					

SÍNTESE DOS CONCEITOS CONTIDOS NAS CATEGORIAS UTILIZADAS NOS QUADROS CLASSIFICATÓRIOS DAS MEDITAÇÕES TEMÁTICAS

1. Níveis da Hierarquia do Desenvolvimento da Consciência na Cartografia proposta por Ken Wilber

Racional — relativo à capacidade de pensar e refletir, relacionado à introspecção, ao raciocínio hipotético-dedutivo, ou proposicional.

Psíquico — relativo à capacidade lógica panorâmica ou visionária, envolvendo a compreensão do entrelaçamento das idéias, de seu relacionamento; capacidade sintetizadora de coordenação de idéias e de integração conceitual global; visão noética, numinosa e inspiradora; abertura para os domínios transcendentais e transpessoais.

Sutil — relativo à capacidade de compreensão fenomenológica direta, de percepção dos arquétipos e das formas platônicas, de comunhão.

Causal — relativo ao enlevo não-manifesto, ao despertar para a "morada anterior e eterna como espírito, radiante e onipresente, um e muitos, único e total" (Wilber, 1987, p. 53); relativo ao contato com a fonte não-manifesta e transcendental da consciência.

Último ou **Final** — relativo à dissolução ou transcendência do observador, que se identifica com o Ente Supremo.

2. Dimensões do Inconsciente na Antropologia Holística de Fílon e dos Terapeutas de Alexandria

Inconsciente Pessoal ou **Sombra** — relaciona-se às vivências do ego que foram reprimidas, e também ao potencial reprimido (não desenvolvido) da personalidade.

Inconsciente Familiar — relaciona-se à história familiar e ancestral.

Inconsciente Parasita — relaciona-se ao canal de expressão de um campo energético envolvente positivo ou negativo "externo" ao indivíduo.

Inconsciente Coletivo — relaciona-se à dimensão dos arquétipos, às imagens simbólicas que estruturam a psique, expressos nos mitos e rituais.

Inconsciente Cósmico — relaciona-se à memória da matéria universal.

Inconsciente Angelical — relaciona-se à dimensão das qualidades sutis veiculadas pelo reino arquetípico angélico, ao "melhor" em nós.

Self — relaciona-se ao centro ordenador da totalidade psíquica, ao núcleo da psique, à síntese da personalidade.

Criador — relaciona-se à Fonte, ao princípio e origem da consciência, ao divino dentro do indivíduo.

Aberto — relaciona-se ao Ser, à "vacuidade original que interpenetra e contém todos os demais níveis" (Crema, 1995, p. 130).

3. **Níveis da Consciência e Dimensões da Energia Criativa no Sistema de Cura desenvolvido por Barbara Ann Brennan**

Campo Áurico Geral — Aura ou **Campo de Energia Humano** — dimensão mais profunda da personalidade do que o corpo físico. Segundo as observações feitas a partir da PSS (Percepção Sensorial Superior), configura-se como uma forma ovóide em torno do corpo físico e possui sete níveis, contendo os sete chakras, que se manifestam também nestes sete níveis, diferentemente, de acordo com a qualidade e a função de cada um deles:

Chakras — "rodas" ou vórtices de energia, que realizam as trocas energéticas entre o indivíduo e o ambiente, e dentro dele mesmo. Situam-se ao longo da coluna vertebral, conforme será explicitado:

1º Chakra — localizado na base da coluna (cóccix) entre as pernas; fornece energia para a coluna vertebral e os rins, estando relacionado às glândulas supra-renais; sua função psicológica é a de prover a vitalidade e/através da vontade de viver;

2º Chakra — localizado acima do osso púbico, fornece energia para o sistema reprodutor, estando relacionado às gônadas; sua função psicológica diz respeito ao sentimento, à sexualidade, à sensualidade e à qualidade do prazer (físico, mental e espiritual);

3º Chakra — localizado no plexo solar, fornece energia para o sistema digestivo e para o sistema nervoso, estando relacionado ao pâncreas; sua função psicológica diz respeito à consciência do lugar do indivíduo no universo, à intuição e ao pensamento;

4º Chakra — localizado no centro do peito, fornece energia para o coração, para o sistema circulatório e o vago, relacionando-se com o timo; sua função psicológica diz respeito ao amor incondicional, à abertura e à vontade dirigida para a realização no mundo exterior;

5º Chakra — localizado na garganta, fornece energia para os pulmões e para o tubo digestivo, relacionando-se com a tireóide; sua função psicológica diz respeito à expressão da verdade interior, à criatividade, à aceitação, à assimilação, ao dar e receber;

6º Chakra — localizado no centro da testa e no alto da nuca, fornece energia para a parte inferior do cérebro, para o olho esquerdo, ouvidos, nariz e sistema nervoso, relacionando-se com a pituitária; sua função psicológica diz respeito à capacidade de compreensão de conceitos mentais, de visualização e de realização de idéias;

7º Chakra — localizado no alto da cabeça, fornece energia para a parte superior do cérebro e para o olho direito, estando relacionado com a pineal; sua função psicológica está associada à integração da personalidade à espiritualidade e também ao conhecimento direto;

Canal da Intencionalidade — ou **Linha do Hara** — dimensão mais profunda do campo áurico, relacionada com o propósito de vida. Situa-se no eixo do corpo, estendendo-se em linha reta para cima e para baixo. É composto por três pontos ou confluências energéticas: o ponto da individualidade, a sede da alma e o "tan tien":

Ponto da Individualidade — ponto situado acima da cabeça (30 cm), onde a energia universal se individualiza, na primeira afirmação da intencionalidade para a existência. Emana uma nota particular e individual;

Sede da Alma — ponto situado no centro do peito, que carrega os anseios espirituais que orientam o indivíduo em sua vida;

"Tan Tien" — ponto situado 6 cm abaixo do umbigo, considerado o centro do equilíbrio do corpo e a sede da vida física;

Estrela do Âmago — ou **Estrela Central** — dimensão da sede da Essência Divina e Eterna: a Fonte no indivíduo. O Centro e a Totalidade estão expressos neste ponto. Trata-se de uma dimensão mais profunda do que a dimensão do canal ou nível hárico; situa-se 4 cm acima do umbigo, atrás do plexo solar.

Obs.: esta síntese de conceitos baseou-se também em anotações do Curso de Formação em "Dinâmica Energética do Psiquismo" criado por Theda Basso em parceria com Aídda Pustilnik.

4. Processos Envolvidos na Ampliação da Consciência

Transudação — processo que permite identificar e trazer à consciência uma problemática, levando à reflexão a respeito da mesma;

Transmutação — processo que implica agir ativamente sobre a consciência, levando-a a modificar-se, elevando sua vibração ou qualidade;

Transformação — processo que implica expor a consciência passivamente à influência de uma energia simbolicamente superior, para que esta última possa atuar sobre ela e modificá-la;

Transfiguração — processo que implica irradiar a transformação.

ANEXO II

O CAMINHO ESPIRITUAL COMO CAMINHO DO AUTOCONHECIMENTO

1. O QUE É MEDITAÇÃO

O sentido comum da palavra "meditação" está muito distante daquilo a que ela se refere no contexto deste trabalho.

Quando se fala em "meditação", evoca-se logo o sentido de "reflexão" — reflexão como modalidade do pensar.

Isto ocorre provavelmente em nossa cultura pela ênfase explícita que se dá ao desenvolvimento da mente racional. Meditar se torna pensar. Mas a meditação não é o que se pensa!

Não fosse por uma evidente unilateralidade cultural, a "reflexão" não estaria necessariamente tão afastada do sentido original da meditação.

O dobrar-se ou debruçar-se sobre si mesmo, que estaria implícito no ato de refletir, expressaria ainda aquela intenção contemplativa de olhar diretamente no espelho da mente e perceber nele o reflexo de Deus em si, o Self, o Eu Superior, o Superconsciente.

A prática da meditação abre outras dimensões de compreensão do ser humano e do mundo. Se por um lado ela se caracteriza como uma prática individual, experiencial e subjetiva, é justamente este seu caráter exclusivo — direto e pessoal — que leva ao encontro do Si-Mesmo, que paradoxalmente dá significado ao senso de inclusão, de unidade com todos os seres na relação. O despertar para o Self amplia a identidade do ser, que transcende a esfera pessoal inaugurando a consciência transpessoal.

A meditação é antes de tudo uma prática espiritual, que se encontra em diferentes tradições espirituais da humanidade. Nas tradições orientais, mais especificamente, seus princípios e métodos foram conservados intactos, por serem considerados sagrados, em reverência ao mistério de sua concepção, que se confirma como evidência universal, tal como a matemática.

A meditação abre as portas da percepção do divino — e dos planos intermediários.

É a meditação "*a antiga arte e ciência do Sagrado*"[1] em todo caminho espiritual que tem como meta a iluminação.

Sábios e santos de muitas religiões tiveram a experiência de entrar num estado de consciência passível de ser alcançado por meio da prática da meditação em suas diferentes modalidades, de onde se vislumbra o Real como a Luz da Consciência Crística e Cósmica na comunhão direta com Deus. E pessoas comuns também têm tido esta experiência religiosa. Ela surge como acessível a todos, como instinto e potencial do ser humano, no cenário atual dos estudos da consciência realizados pela Psicologia Transpessoal.

Mas o que é meditação?

Falar sobre a meditação é como falar sobre o gosto do açúcar. Falta uma parte essencial, que é, justamente, a experiência, sem a qual ela não existe. Permanece uma lacuna que só pode ser vivida.

A meditação é um meio e um caminho, é o caminho e a meta, ou simplesmente um toque preciso que ajusta a sintonia do instrumento humano a freqüências mais elevadas da realidade, facilitando a conexão do ser com o Ser e a re-ligação (de "religare", de "religião") ego-Self, eu — Eu Superior, indivíduo-cosmos, alma-espírito, atman-Brahman, em última instância.

---

1. Tema da minha tese de Mestrado.

Meditação é a concentração num objeto único — e este pode ser Deus ou sua expressão no criado — no humano, na psique, ou na natureza — em qualquer aspecto seu, positivo ou negativo, maior ou menor, imanente ou transcendente, ou acima dos opostos.

A meditação envolve o aprendizado tanto do ouvir como do serenar o corpo e a mente — sensações, emoções, sentimento, pensamento. Envolve também a abertura para a percepção da voz e do silêncio da energia borbulhante do universo, dentro e fora de si mesmo.

O processo da meditação implica a oferenda, o sacrifício, pela entrega de aspectos e de partes do nosso ser, que são elevados ao coração para serem transmutados e transformados pelo fogo da compaixão e do amor através da nossa natureza divina presente na centelha em Deus ou de Deus em nós.

A meditação é essencialmente um ritual interno de transformação, qualquer que seja o seu método, onde a alma é o templo, o coração o altar e o amor a Divina Presença, como sugere uma oração conhecida.

2. TIPOS DE MEDITAÇÃO

As técnicas de meditação são muitas. Eu diria mesmo que esse número é ilimitado, pois além daquelas técnicas que figuram em literatura especializada e em círculos restritos de vias tradicionais de desenvolvimento, a cada instante pode brotar na consciência uma nova técnica, desde que o indivíduo esteja receptivo.

Esta técnica nova pode surgir de um dos diferentes níveis da consciência, como resposta aos estímulos do ambiente (a própria pessoa incluída) sugerindo o desenvolvimento de um novo aspecto do ser. Uma vez "criada" por determinado nível da consciência, a técnica pode ser aplicada aos níveis subseqüentes.

Esta idéia se apóia no desenvolvimento da consciência proposto por Wilber em "Um Deus Social"[2]. O autor faz referência a vários níveis da consciência, a saber, racional, psíquico, sutil e causal-final, sendo que sempre o superior, isto é, o que se desenvolveu mais recentemente, engloba o precedente ou inferior que se desenvolveu primeiro, e o supera.

Assim, nas quatro categorias de meditação propostas neste trabalho, deve-se observar que estas obedecem a uma seqüência de desenvolvimento da consciência, baseada numa hierarquia de níveis de consciência que se sucedem e se superam, lidando a primeira categoria com uma esfera de habilidades que se estruturam primeiro, e a última com habilidades mais refinadas que se estruturam por último.

Mostramos aqui uma tentativa de classificação das práticas meditativas em quatro categorias. Embora estejamos visando uma classificação de técnicas inseridas em contexto terapêutico, esta pode ser utilizada para compreender as técnicas de meditação no contexto de uma tradição espiritual.

Esta classificação que aqui propomos toma por base o recurso técnico propriamente dito que desencadeia processos psicológicos diferentes a partir de modos diferentes de interação entre sujeito e objeto, e leva em consideração, como já se disse, o nível que parece ter originado a técnica e o nível que pode ser atingido ou transformado com ela. Esta classificação pode ser útil ao psicoterapeuta transpessoal, que a partir dela poderá ter mais claro o objetivo de cada técnica e seu nível de atuação.

Deve-se compreender, entretanto, que embora um nível predomine, não há como isolar uma parte do todo holográfico que é o ser humano.

---

2. Wilber apresenta modelos equivalentes em *The Atman Project* e em *Transformations of Consciousness* (ver Bibliografia).

1ª Categoria: Meditação Reflexiva

Trata-se de uma proposta que envolve aquele "debruçar" que faz parte do sentido da meditação, isto é, a reflexão sobre um tema em geral relacionado com o processo psicológico mais básico e estruturante do indivíduo, lidando mais diretamente com os níveis emocional e mental do desenvolvimento da consciência.

A Meditação Reflexiva implica auto-análise através do uso das palavras, que mediam o esclarecimento daquilo que ocorre na fase interna do indivíduo em reação a estímulos externos.

2ª Categoria: Intervenção

Este tipo de meditação envolve habilidades mentais mais refinadas, tais como a concentração e a plasticidade mental.

Trata-se de um exercício em que se constrói objetiva e mentalmente uma imagem ou uma situação, que pertence à seqüência de desenvolvimento em direção à cura, por meio da visualização.

Aqui é necessário um perfeito controle da habilidade de projetar sobre uma tela mental.

Uma variação deste tipo de meditação é aquele em que se cria uma imagem ou uma situação (sempre voltada para o próximo passo em direção à cura) voluntariamente, e depois se lhe confere uma espécie de vida própria, permitindo uma evolução parcial dos acontecimentos, mantendo o controle pelo distanciamento de um eu observador.

Em ambos os casos o sujeito que medita atua sobre objetos, modificando-os em sua consciência.

3ª Categoria: Contemplação

Neste tipo de prática não há propriamente um movimento do sujeito sobre o objeto, isto é, uma manipulação da energia que o objeto-situação manifesta, como ocorre na Intervenção.

Isto se deve à natureza do objeto escolhido para a prática da Contemplação, que é por si de ordem mais elevada, portador de qualidades que pertencem a uma consciência superior, do Self ou Eu Superior (símbolos religiosos, cores, formas, elementos da natureza, etc.). Trata-se de olhar, de observar este objeto, de colocar-se diante dele.

Esta prática de meditação requer habilidades mais específicas tais como ser capaz de manter a quietude do corpo e da mente, ter concentração, ser capaz de sustentar imagens mentais e observar processos internos em dois níveis: o nível do distanciamento do eu observador e o nível da "filiação" com relação à fonte.

Aqui há um vínculo direto do sujeito com objetos que veiculam uma força simbólica transformadora. Não se opera mudança no objeto. Pelo contrário, o objeto é que atua sobre o sujeito, intervindo em seu estado, transformando-o, carregando-o com sua força. O objeto torna-se o sujeito da ação neste processo, e o sujeito torna-se o objeto.

4ª Categoria: Silêncio

Na meditação do Silêncio não há fenômenos como nas práticas descritas até aqui.

Nesta prática reina somente a presença do Absoluto como fonte da qual tudo se manifesta. Não há forma ou pensamento em forma de imagens. Há apenas a presença inefável da fusão, do tornar-se um com a fonte. Tudo silenciou: corpo, emoção, sentimento, pensamento, intuição. Restou o mergulho na Totalidade, o tornar-se uno com o Uno. Não há necessidades, nem se busca mais. Neste ponto já se É.

A prática do Silêncio relaciona-se pois com o nível causal, a fonte da fonte da manifestação, e representa a transcendência possível da dualidade sujeito-objeto.

Deste nível emana o senso da libertação que advém da extensão da identidade a toda a manifestação e além.

3. EFEITOS DA MEDITAÇÃO

Os efeitos das diferentes práticas parecem corresponder a quatro estágios da cura espiritual, de acordo com a nossa compreensão:

1º Estágio: Transudação

A Meditação Reflexiva propicia que se realize um levantamento de aspectos conscientes e inconscientes envolvidos numa problemática. O que estava oculto aparece, como o suor no rosto, "transuda", evidencia-se, vindo à superfície.

A auto-análise mediada pela Meditação Reflexiva estrutura o estágio de desenvolvimento da autoconsciência no nível racional do modelo de Wilber. De posse deste material, empreende-se a passagem para um nível mais intuitivo desta mesma categoria, que pode ser aquele em que as respostas em palavras ou imagens parecem brotar do Eu Superior.

Esta passagem encaminha para o 2º Estágio da cura pela meditação, pois através da Meditação Reflexiva constatou-se já que há trabalho a fazer.

No plano da energia, semeou-se transmutação. Saiu-se do nível racional e penetrou-se no nível psíquico de desenvolvimento. Saiu-se da "autoconsciência" e penetrou-se na "superconsciência", da denominação de Wilber.

2º Estágio: Transmutação

Neste estágio da cura pela meditação de Intervenção, o indivíduo é levado a experimentar aquilo que costumamos denominar *transmutação*.

Deve-se salientar mais uma vez que a prática de meditação que visa este estágio situa-se num contexto de desenvolvimento e de ampliação da consciência, representando um passo dentro de um processo, por buscar deliberadamente a seqüência da cura para o indivíduo

O sujeito empenha-se, ao se submeter à prescrição terapêutica de uma prática deste tipo, em *elevar* seu próprio padrão energético, a qualidade vibratória de seu estado atual.

Esta movimentação energética pertence à estrutura de desenvolvimento da consciência que Wilber denomina nível psíquico. Neste a manipulação da energia torna-se possível, situando-se além da estrutura racional do desenvolvimento da consciência.

Segundo Wilber, neste nível lida-se com as energias do 1º ao 6º chakras da Psicologia Iogue clássica, o que significa, em termos psicoterapêuticos, obter *insights* que "iluminem" sua dinâmica e problemática.

Gradualmente as práticas deste nível levam cada vez mais luz ao escuro, diminuindo a sombra, atenuando-a. É como se o Sol da individualidade, do Self, do Eu Superior, da Essência, se colocasse cada vez mais próximo da posição do Sol a pino em relação ao ego, diminuindo de fato o ângulo da sombra projetada no solo.

Este é o sacrifício ritual: a auto-aceitação pelo ego elevada à aceitação dos benefícios provenientes da vibração mais elevada do Self.

E aqui se faz a ponte para o próximo estágio da cura por meio da meditação.

3º Estágio: Transformação

A Contemplação implica *transformação* através da unificação com o padrão mais elevado do objeto-símbolo que passa a ser o agente do processo.

Neste caso há uma "incorporação" de qualidades superiores.

A força do símbolo que faz a mediação do divino no Self transpessoal, e a energia em si, que está por trás do símbolo, aspecto de um arquétipo, promovem a *transformação*.

O objeto da Contemplação, que é o agente (sujeito) transformador na consciência, pertence ao nível ou à estrutura sutil da consciência, no esquema de desenvolvimento de Wilber. Este nível brota e lida diretamente com as energias do 6º e 7º chakras, isto é, com o potencial de cura que emana destes níveis. Daí sua ação transformadora e penetrante em níveis inferiores de consciência.

4º Estágio: Transfiguração

A meditação do Silêncio implica entrega absoluta e cristalização da transformação, se é que se pode falar em "solidez" num nível tão elevado de consciência. De qualquer forma, os efeitos deste tipo de meditação levam a uma espécie de "sedimentação" de um estado de consciência, que se torna um estado de *ser*.

Permanece-se na e com a vibração elevada, com a percepção aberta para o Sagrado e para tudo que participa da manifestação do Uno, ao mesmo tempo que se atenta para a qualidade sem qualidades, para o Real.

Esta prática neste estágio envolve de fato a superação dos opostos. O resultado desta experiência na vida de um ser humano é o despojamento completo do ego, que se redimensiona frente à Totalidade do Ser. A identidade se expande e não há mais separação entre o eu e o Todo. Neste estágio, o indivíduo, torna-se o canal transparente do divino.

Este estágio da cura espiritual poderia ser denominado estágio da "Transfiguração". Nele o indivíduo se torna o Ser: *"Meu Pai e Eu somos Um"*; *"Eu sou Brahman"*.

É o que provém da quietude: *"Aquietai-vos e sabei que eu sou Deus"* (Salmos, 46:10).

Este é o nível da União ("Yoga").

4. O USO DA MEDITAÇÃO NA ABORDAGEM TRANSPESSOAL

O uso da meditação em psicoterapia pode ser considerado como característica da orientação transpessoal em psicologia.

A Psicologia Transpessoal ao reconhecer a dimensão da consciência que se situa além do ego como dimensão "transconsciente" (em oposição a "inconsciente") passa a buscar as formas de explorá-la.

Com este objetivo tem-se realizado o estudo das tradições espirituais e das disciplinas da consciência, revisitando aquilo que os "cientistas" do espírito há muito tempo conheciam.

As técnicas originárias das tradições iogue, hinduísta e budista passam a ser adaptadas ao Ocidente e analisadas em suas possibilidades, pois integram antigos sistemas de desenvolvimento psicológico.

O uso da meditação, como já mostramos na parte 3, deve estar inserido no contexto do desenvolvimento individual, remetendo-se a diferentes aspectos da consciência: para cada nível a ser trabalhado há um tipo específico de prática.

O desenvolvimento da consciência por meio da prática da meditação supera em muito o conhecido pela psicologia ocidental convencional como o "limite" da evolução da consciência e da saúde, conforme já foi sugerido.

Trata-se de um recurso técnico que parece lidar mais diretamente com a energia, ou "libido" no sentido junguiano do termo. Seu uso complementar na terapia pode "acelerar" o processo terapêutico devido à reverberação de seus efeitos nos diferentes níveis do campo energético humano. Esta idéia se torna compreensível ao considerarmos o modelo do holograma.

5. A MEDITAÇÃO COMO HOLOTERAPIA

A meditação envolve todos os níveis do ser: corpo, emoções, pensamento e intuição.

Começando pelo nível do corpo, processa-se uma "limpeza" pelo influxo de energia nas células físicas com a prática da meditação, o que pode ser grandemente facilitado quando se inclui o movimento físico de desbloqueio energético na terapia aliado à integração pensamento-energia. A *transudação*, a *transmutação*, a *transformação*, e a *transfiguração* (se é que podemos ousar e inovar aqui...) dependem de uma sustentação que só pode ser garantida pelo nível físico.

O nível das emoções está envolvido na meditação na medida em que ocorre a transmutação pela superação gradual da dualidade própria deste campo.

O nível do pensamento devido às experiências de ampliação da consciência que provêm da meditação, é também submetido à mudança pela reformulação constante de conceitos, idéias, enfim, da própria cosmovisão.

O nível da intuição está evidentemente incluído na progressiva transformação que a prática da meditação propicia. A intuição representa o instrumento que realiza a abertura e a conexão com o Self como a imagem de Deus na psique. A evolução da consciência se processa gradualmente também na percepção intuitiva em termos da qualidade da energia a que se tem acesso.

Podemos considerar que a influência da meditação, por envolver todos os níveis do ser, se dá de forma holística. No entanto, sua atuação na consciência parece superar o *status* de recurso terapêutico ou de "técnica" holística.

A meditação leva o indivíduo a conquistar ou a resgatar a percepção do Todo. E isto se dá em três níveis: o nível do indivíduo como sendo um todo integrado, o nível do indivíduo estando inserido no todo do universo, e finalmente o nível da presença do todo do universo no próprio indivíduo.

Este último nível caracteriza verdadeiramente a abordagem holística implícita na prática da meditação, uma vez que proporciona ao indivíduo a visão holística do Real.

Portanto, podemos dizer que a meditação não se caracteriza apenas como recurso no contexto de uma "terapia holística", mas também como "holoterapia", como sistema de desenvolvimento holístico do potencial humano, pois através da prática meditativa chega-se a constatar o que chamamos atualmente de "novo paradigma", inspirado na metáfora do holograma: o Todo está (inteiro) na Parte.

6. A MEDITAÇÃO COMO A "VIA RÉGIA" PARA A CONSCIÊNCIA CÓSMICA

S. Freud concluiu magistralmente, com o desenvolvimento da Psicanálise, que o sonho é a via régia para o inconsciente. Esta idéia, endossada por C. G. Jung, forneceu o fundamento para a investigação do inconsciente coletivo na Psicologia Analítica, que avançou e superou a noção de que o inconsciente era apenas pessoal e depositário de negatividades.

A descoberta da meditação pelos estudiosos da Psicologia Transpessoal parece nos encaminhar para uma nova constatação: a meditação surge como a via régia para a Consciência Cósmica (!).

São dois recursos — sonhos, meditação — lidando com dois estados diferentes de consciência.

Não se pretende negar a eficácia dos sonhos em abrir acesso a níveis psíquicos e sutis da consciência. (O nível causal parece fugir ao mundo dos fenômenos que compõem os sonhos.)

A especificidade da meditação, entretanto, é a possibilidade de acesso direto ao estado transpessoal superconsciente, que parece estar disponível e sob relativo controle voluntário para todo indivíduo que se dispõe ao trabalho do autoconhecimento e ao desenvolvimento das habilidades envolvidas neste processo.

O potencial humano encontra, assim, realização e transcendência.

A Consciência Cósmica, a que o indivíduo tem acesso, implica incluir todos os níveis de consciência (racional, psíquico, sutil e causal/final), em abarcar fenômenos ao mesmo tempo que paradoxalmente são transcendidos, em identificar-se com o manifesto e com o não-manifesto e em vivenciar a Realidade como Consciência.

É o que reside em potencial no ser humano. A humanização conhecida do homem se expande até este ponto.

A função iniciática da meditação permite um vislumbre gradual do Sagrado, da Plenitude, do Self-Deus, da União.

Desta função provém o preenchimento das necessidades espirituais do homem, as "metanecessidades" de Maslow.

Ao exercer a função de "religar", função esta que é a própria essência da religião, a meditação, retomada pela Psicologia Transpessoal, talvez possa vir a substituir a busca por uma religião convencional.

O papel da psicologia é redimensionado na medida em que aproxima o indivíduo da experiência religiosa possibilitada pela prática da meditação.

ALGUMAS CONCLUSÕES

Todo caminho espiritual é um caminho de autoconhecimento. Quando o caminho do autoconhecimento inclui o conhecimento de Deus em si, ele se torna um caminho espiritual.

O caminho do autoconhecimento proposto pela Psicologia Transpessoal lida com o despertar da consciência do Self — podendo ser considerado um caminho espiritual. Isto pode representar apenas o primeiro passo na direção do Sagrado, da União da consciência individual com a Consciência Cósmica. Mas não são os passos que fazem o caminho em direção à meta, mesmo que esta seja nada menos do que o retorno à Casa do Pai, à Fonte?

É neste sentido que devemos compreender que ocorre a expansão da função da psicologia ao incorporar métodos espirituais entre seus métodos: o potencial do ser humano é reconhecido e alargado. Seus níveis são reintegrados, "reincorporados" — a encarnação de Deus se realiza no humano e o humano se faz instrumento da Sua Paz.

A verdadeira natureza divina pode despertar no homem.

A reverência a Deus nele, no outro e na criação se manifesta. Ele chegou à essência da espiritualidade: à "religação" com o Sagrado em sua própria Essência.

Neste ponto, a forma externa da "religião" não importa. O homem pode agora conviver com formas primitivas ou avançadas de religiosidade, (re)conhecedor que é daquilo que está por trás das máscaras de Deus, nos ritos e nos mitos. Pode aprofundar sua consciência na direção da Consciência Cósmica, adotando uma via de tradição ou seguindo um caminho próprio (se é que há diferença entre as duas vias).

Em qualquer um dos casos é o Mestre Interior nele que atua, indica e dá significação à experiência.

Este trabalho se baseia em extenso material bibliográfico, que inclui os textos e livros estudados no Curso de Formação em Dinâmica Energética do Psiquismo e outros do campo da Psicologia Transpessoal, Holística e Ioga.

Gostaria de salientar, entretanto, que ele não poderia ter sido elaborado se não fosse pela *vivência* da meditação (em psicoterapia, em grupos de desenvolvimento holístico, cursos de formação, etc.).

Agradeço com todo amor ao Mestre que me ensinou a cultivar o campo da mente e da Consciência, deixando aqui expresso o seu mais doce convite: *"Meditem!"*

Om... Paz... Amém...

JORNADA RUMO À CONSCIÊNCIA

Os Chakras, o Tantra e a Psicologia Junguiana

Charles Breaux

Tanto na psicologia tântrica como na junguiana, as práticas espirituais e os métodos terapêuticos estão vitalmente associados a uma participação consciente na vida ordinária. Ambas as psicologias valorizam as etapas da transformação alquímica da consciência humana. O tantra simboliza a nossa metamorfose num sistema de chakras que se abrem à medida que despertamos progressivamente para as várias dimensões da psique. Da perspectiva junguiana, os temas universais presentes nas inumeráveis histórias de heróis e de heroínas, de deuses e deusas, evidentes no mundo todo, são dramatizações dos estágios de desenvolvimento do nosso crescimento na direção da consciência.

Neste livro, Charles Breaux, um terapeuta junguiano, ajuda a assentar os alicerces para uma compreensão psicológica prática dos chakras. Para chegar a este objetivo, ele desenvolveu o conceito histórico e filosófico do Tantra, o solo natal do sistema dos chakras, e demonstra o quanto o Tantra e a psicologia junguiana se completam.

O tema principal de *Jornada Rumo à Consciência* é a relação do Tantra com o nosso mundo interior e com a vida em geral. O Tantra compreende que as forças vitais do cosmos não são diferentes das do corpo e da mente. Seu interesse maior é a total aceitação de ambas e a transformação da nossa consciência daí resultante.

EDITORA PENSAMENTO

O PENSAMENTO DO EXTREMO ORIENTE
(O Olho do Furacão)

Murillo Nunes de Azevedo

"Os aguadeiros conduzem a água para onde for necessária, os carpinteiros trabalham a madeira. Os sábios vencem a si mesmos." "Olha o mundo como uma bolha de sabão. Olha-o como uma miragem. Aquele que assim vê o mundo, não é atingido pelo rei da morte."

Redigido em linguagem muito límpida, fácil, portanto, de ser absorvida, *O Pensamento do Extremo Oriente* traz não somente passagens como estas, extraídas do *Dhammapada*, como também de outras obras fundamentais do pensamento oriental. São muitos os assuntos de interesse que o volume investiga para o leitor estudioso, em especial "a teoria do avatar" e "a escola vedanta".

Em seus variados capítulos, o presente volume indica quais as estrelas que compõem a grande constelação do Extremo Oriente. Ressalte-se, por exemplo, a enorme influência das idéias hindus. Procurando sintetizar e tornar tais idéias acessíveis ao modo de pensar do ocidente, nele comparecem as grandes escolas de filosofia e religião da Índia, escolas que, diga-se de passagem, deixaram-se impregnar pela ambiência das florestas, dos rios e montanhas do Himalaia; a sabedoria de Lao Tsé, cheia de paradoxos; a filosofia de vida de Confúcio; o *I Ching, o Livro das Mutações*, revelador das leis de causa e efeito; o Tibé, com seus deuses, grandes espaços vazios e inúmeros mistérios; o tantrismo, com seus mantras, mudras e mandalas; do Japão, essa belíssima flor chamada Zen, na qual a influência da Índia, inicialmente transplantada da China, adquire feições renovadas.

Além de utilíssima bibliografia de apoio, o volume resume e comenta obras fundamentais como *Os Upanixades,* o *Bagavad Gîtâ*, o *Dhammapada*, o *Ramayana*, o *Viveka Chudamani,* o *Yoga Sutra*, o *I Ching*, o *Tao té ching*, o *Ta Hsio*,, e muitos outros.

EDITORA PENSAMENTO

ENERGIA SUTIL

John Davidson

Energias sutis são as que se situam em planos superiores, além de nossas capacidades normais de percepção. Porém, quando percebidas, se caracterizam por um efeito cintilante como um arco-íris ao redor dos objetos, conferindo-lhes quase um estado de transparência e permitindo que sua estrutura subatômica interior se revele a um olhar mais elevado, mais sensível. Energias sutis são projeções das formas de matéria e de energia mais densas, constituindo a energia matriz a partir da qual nosso universo perceptível se manifesta. Na verdade, só agora algumas teorias da física moderna puderam nos fornecer uma estrutura conceitual em que a manifestação desse estado sutil foi compreendida e delimitada.

Ao redor dos seres vivos – do homem inclusive –, as energias sutis são vistas como uma aura que reflete a saúde, a personalidade e a espiritualidade do indivíduo. *Energia Sutil* é um livro sobre esse tipo de energia e sobre o papel que ela representa na organização da natureza e nos processos de cura.

O autor – John Davidson –, formado em Ciências Biológicas pela Universidade de Cambridge, durante toda a sua vida interessou-se pela natureza, pela ciência e pelo misticismo.

EDITORA PENSAMENTO

HARA — O Centro Vital do Homem

Karlfried Graf Dürckheim

Nas discussões atuais sobre o corpo e a alma surge uma nova voz que deve ser ouvida por todos os que se dedicam à análise dos problemas da humanidade com vista à sua evolução: Karlfried Dürckheim, com seu livro *Hara — O Centro vital do Homem.*

O conceito de Dürckheim sobre o ser humano transcende a distinção entre corpo e alma no contexto de um "indivíduo" destinado a manifestar o Ser divino na vida material e que pode ser ajudado a cumprir esse destino com exercícios mais avançados do que os que costumam ser propostos pela medicina e pela psicologia tradicionais.

Em japonês, *Hara* não significa apenas "barriga" no sentido anatômico do termo, mas contém um significado existencial. Só quem consegue concentrar a gravidade no centro do corpo físico e preservá-la aí tem a chance de amadurecer; e, como pessoa madura, esse ser humano pode transcender o eterno "morrer e renascer" implícito nas leis básicas da vida. Hara não significa "algo físico", nem tampouco "algo espiritual". Hara *é* o ser humano centrado na unidade original. Quem tem Hara demonstra-o com o aumento de sua força vital e com sua maior capacidade de suportar o sofrimento.

Ao mesmo tempo, o Hara serve de elo de ligação entre o Eu sobrenatural, ou divino, e o Eu comum do homem, entre a "experiência religiosa" da unidade original e sua manifestação real no mundo. O conhecimento do Hara é uma das pérolas da sabedoria oriental, mas seu significado humano tem alcance universal.

Karlfried Dürckheim, catedrático de Psicologia e Filosofia na Universidade de Kiel, Alemanha, dedica a segunda parte do seu livro a exercícios práticos para a obtenção do Hara. A introdução de exercícios como parte da grande terapia existencial é uma novidade e atende amplamente às necessidades manifestadas pelo homem moderno.

EDITORA PENSAMENTO

A AURA HUMANA

Walter J. Kilner

A idéia de uma aura — nuvem radiosa que envolve o corpo — é antiga. Na Índia, na Grécia, em Roma e no antigo Egito, muito antes que a aura viesse a ser considerada um atributo normal de todo ser vivo, as imagens sagradas traziam a representação desse atributo divino.

Na tradição pré-cristã, a aura provinha da identificação dos heróis mitológicos com o Sol. Na iconografia cristã ela é representada pela auréola ou pela glória que envolve a cabeça e o corpo dos santos, como sinal divino de sacralização.

Entretanto, pode bem ser que a idéia religiosa dessa emanação de luz se fundamentasse simplesmente na observação de pessoas dotadas de clarividência. Durante séculos acreditou-se que tais pessoas podiam ver a aura, que diferia de indivíduo para indivíduo em cor e natureza, revelando características da saúde emocional e espiritual de cada um.

Baseando-se nessa tradição milenar, o Dr. Walter John Kilner concebeu a idéia de que, mediante certos dispositivos, a aura humana pode tornar-se visível a praticamente todas as pessoas dotadas de visão normal. Suas pesquisas pioneiras nesse campo, visando contribuir sobretudo para a aperfeiçoamento do diagnóstico em medicina, estão narradas neste livro.

EDITORA PENSAMENTO